Elberfeld | Zen. 100 Seiten

* Reclam 100 Seiten *

ROLF ELBERFELD, geb. 1964, ist Professor für Philosophie an der Universität Hildesheim mit den Schwerpunkten Kulturphilosophie, Phänomenologie, Philosophie des Leibes, Interkulturalität sowie chinesische und japanische Philosophie.

Rolf Elberfeld

Zen. 100 Seiten

RECLAM

2017 Philipp Reclam jun. Verlag GmbH,
Siemensstraße 32, 71254 Ditzingen
Umschlaggestaltung: zero-media.net
Umschlagabbildung: FinePic®
Infografik (S. 82 f.): Infographics Group GmbH
Bildnachweis: S. 8: Wikimedia Commons / Daderot; S. 56: Wikimedia Commons / Takuan Sōhō; S. 61: Bundesarchiv, Bild 102-11997 / CC-BY-SA 3.0 (über Wikimedia Commons); S. 78 © John Cage Trust
Umschlagmaterial: Creative Print, Schabert
Druck und Bindung: Esser printSolutions GmbH,
Untere Sonnenstraße 5, 84030 Ergolding
Printed in Germany 2024
RECLAM ist eine eingetragene Marke
der Philipp Reclam jun. GmbH & Co. KG, Stuttgart
ISBN 978-3-15-020437-5

Auch als E-Book erhältlich

www.reclam.de

Für mehr Informationen zur 100-Seiten-Reihe:
www.reclam.de/100Seiten

Inhalt

1 Inmitten der Stille
10 Atmen
18 Handeln, ohne zu handeln
25 Der verschwundene Spiegel
36 Der Alltag als Weg
45 Auf Bootsfahrt mit Dogen
66 Meister »Verrückte Wolke«
75 Zen im 20. Jahrhundert
87 Zen – Psychoanalyse – Hirnforschung
98 Vergiss das Anfängerherz nicht!

Im Anhang Lektüretipps

Inmitten der Stille

Eine Klavierspielerin betritt die Bühne. Die Zuhörenden applaudieren und zeigen durch ihren Beifall, dass sie sich auf das Spiel freuen. Nach einer langsamen Verbeugung und dem Ende des Beifalls setzt sich die Spielerin ans Klavier, verweilt einen Augenblick, konzentriert sich, hebt den Kopf, schaut auf das Notenblatt und schließt dann mit beiden Händen die Tastenabdeckung. Sie sitzt aufmerksam und aufrecht vor dem Klavier, die Hände liegen ruhig in ihrem Schoß. Alle lauschen aufmerksam, und es passiert – *nichts*.

Die Spannung steigt. Die Klavierspielerin sitzt gelassen und offen vor ihrem Klavier. Nach einer Weile treten die Geräusche der Zuhörenden immer deutlicher in das Bewusstsein: Die Aufmerksamkeit verlagert sich. Die Stille am Klavier lässt hörbar werden, was gewöhnlich als störend empfunden wird: Räuspern, Atmen, Hin-und-her-Rutschen auf den Stühlen, ein Pfeifen aus der Ferne, der Wind an den Fenstern … Je länger die Stille dauert, umso lauter scheinen all diese Geräusche zu werden. Die Zuhörenden, die das Werk nicht kennen, schauen sich fragend um. Was soll das bedeuten? Ein Klavierstück, in dem kein Ton gespielt wird? Die, die es schon kennen, lauschen gespannt dem nach, was hier und jetzt die Ohren berührt. Da das Werk aus drei Sätzen besteht, wiederholt sich das Schließen der Tastenabdeckung insgesamt drei Mal. Mit dem letzten Öffnen der Tastenabdeckung beendet die Klavierspielerin ihr Spiel, verbeugt sich und verlässt die Bühne.

Das Stück, das am 29. August 1952 in New York uraufgeführt wurde, stammt von dem Komponisten John Cage (1912–1992) und trägt den Titel »Four minutes and thirty-three seconds (4 : 33)«. Es besteht aus drei Teilen: I. TACET, II. TACET, III. TACET (lat. *tacet*, ›er/sie/es schweigt‹; in der Musik eine Anweisung zum Pausieren) und ist auf einem einzelnen Notenblatt verzeichnet. Man kann sich gut vorstellen, dass dieses Werk bei seiner Uraufführung einen Skandal auslöste. Alle erwarteten mit großer Spannung eine neue Komposition von John Cage. Und was bekamen sie? Stille. Die Stille selbst als Musik zu hören war das Unerhörte dieses Stücks.

Cage hatte einige Jahre zuvor in einem amerikanischen Forschungszentrum einen Raum besucht, in dem nichts mehr hörbar sein sollte, so dass absolute Stille herrschte. Cage berichtete danach, dass es zwar in der Tat sehr still gewesen sei, er dennoch einen hohen und einen tiefen Ton gehört habe. Man erklärte ihm dann, dass diese Töne von seinem aktiven Nervensystem und seinem Blutkreislauf stammten. Er begriff, dass Stille nicht nur die äußerliche Abwesenheit von Geräuschen ist, sondern dass sie niemals getrennt ist von den Klängen und Geräuschen der inneren und äußeren Welt und dass in der Tiefe der Klänge die Stille wohnt.

Diese Zuspitzung der Musik auf Stille war nicht zuletzt auch durch den Zen-Buddhismus inspiriert. Cage hatte bereits in den 1930er Jahren in Vorträgen einiges über die Lehren dieser Form des Buddhismus erfahren, die damals in den USA vor allem auch in Künstlerkreisen kursierten. Vermutlich Anfang der 1950er Jahre traf er dann in New York auf einen der großen japanischen Vermittler des Zen-Buddhismus in den Westen, auf SUZUKI Daisetsu (1870–1966). Die ersten Werke in englischer Sprache über den Zen-Buddhismus von Suzuki erschienen bereits in den 1920er und 1930er Jahren. Ab 1950 hielt Suzuki zahlreiche Vorträge an Universitäten in New York und Umgebung. Cage war einer der Zuhörer und zeigte sich tief beeindruckt von dem, was er dort neu kennenlernte: Immer tiefer konnte er in der Folge in die Erfahrung der Stille eindringen, und das begleitete seinen Weg in die Musik bis zu seinem Tod.

Als ich Anfang der 1980er Jahre damit begann, die Zen-Meditation zu üben, war dies sicherlich ein wichtiger Einschnitt in meinem Leben. Stundenlang mit verschränkten Beinen auf einem Kissen zu sitzen und nichts anderes zu tun, als still und aufmerksam zu sein, war eine große Herausforderung für mich. Erst nach längerer Zeit und Übung beruhigten sich die Gedanken, die oft wild aus allen Richtungen auftauchten, so dass dann langsam das Atmen zum Zentrum meiner Aufmerksamkeit werden konnte. Geht man mehrere Tage in eine solche Stille und ein solches Schweigen, so passieren immer wieder skurrile Dinge, da die Wahrnehmung auch kleinster Dinge beginnt, intensiver zu werden. Manchmal lösen sich auch die Grenzen zwischen Traum und Wirklichkeit auf. Damals übte ich morgens und abends die Zen-Meditation und studierte tagsüber Philosophie, Sinologie und Japanologie. Während meines ersten Japan-Aufenthaltes im Jahre 1986 erfuhr ich dann von einer Schule der Philosophie im modernen Japan, in der Philosophie und Zen zusammengeflossen waren. Dies veranlasste mich, zwei Jahre lang in Japan Philosophie zu studieren, um der Sache auf den Grund zu gehen. Seit dieser

Zeit sind mein Denken und inzwischen auch meine Lehre in vielfältiger Weise verbunden mit den Kulturen Ostasiens.

Im Jahr 2012 veranstalteten wir an der Universität Hildesheim ein *Philosophisches Kolloquium* zum Thema »Nichts«. Teil dieser Ringvorlesung waren Vorträge über die Null als eigentümliches Zeichen in der Mathematik (die übrigens von Indien her nach Europa übermittelt wurde), über das Vorlaufen in den eigenen Tod als Erfahrung des Nichts, über die leere Seite, vor der Schreibende am Anfang eines Romans sitzen und nicht weiterkommen, über die unendliche Leere des Universums und seine schwarzen Löcher und, dieses Thema hatte ich mir jedenfalls vorgenommen, etwas über das »schöpferische Nichts«. Mein Vortrag war der letzte in der Reihe, und der Termin rückte unweigerlich näher. Immer wieder dachte ich darüber nach, was zu diesem Thema zu sagen wäre und wie ich dieses schöpferische Nichts präsentieren könnte. Mehrmals verwarf ich verschiedene Möglichkeiten, bis ich mich dazu durchrang, einfach nichts zu sagen. Ja, ich wollte einen Vortrag von 45 Minuten Länge damit gestalten, kein einziges Wort zu sagen.

Mir war klar, dass dies eine ziemliche Provokation sein würde und vermutlich an einer Universität ein solcher Vortrag noch nicht gehalten worden war. Nach weiteren Überlegungen entschloss ich mich dann, mediale Unterstützung in Ton, Bild und Wort hinzuzunehmen. Ich wählte Morton Feldmans Klavierstücke als klanglichen Hintergrund, den leeren Zen-Kreis als Bild und den Buchtitel von Derrida *Wie nicht sprechen?* (*Comment ne pas parler?*) in all seiner Mehrdeutigkeit als Unterstützung für meinen Vortrag.

Von meinem Vorhaben wusste vorab niemand, so dass ich in üblicher Weise anmoderiert wurde, woraufhin Musik und Bildprojektion begannen. Ich selbst war noch hinter einer Tafel versteckt, wo ich versuchte ruhig zu atmen. Erst sehr langsam, nach etwa drei oder vier Minuten wurde ich auch für die Zuhörenden sichtbar. Der weitere Vortrag bestand darin, dass ich sehr langsam an der Tafel vorbeiging, immer wieder kleine Mundbewegungen machte, ohne jedoch zu sprechen, in der Mitte eine vertrocknete Blume aufhob und dann wieder hinter der Tafel verschwand.

Die Wirkung war auch für mich verblüffend. Einige sagten, sie hätten selten so viel über Vorträge gelernt wie bei diesem Vortrag, der im eigentlichen Sinne doch gar keiner war. Viele der etwa 150 Zuhörenden hatten mit ihren Erwartungen zu kämpfen, die sie an die Präsentation herantrugen. Einige fragten sich bis zum Ende, ob der Vortragende nun noch etwas sagen oder ob er einfach nichts mehr sagen würde. Erst wenn das, was man wie selbstverständlich erwartet, *unerwartet* entzogen wird, werden Wahrnehmungen und Denkvorgänge in Gang gesetzt, die den Rahmen unseres gesicherten Erwartens in Bewegung bringen. Jeder kennt Situationen im Leben, in denen man an bestimmten Erwartungen festhält, etwa für den Urlaub, die Beziehung oder das nächste Gespräch mit der Chefin. Häufig zeigt sich, dass erst dann, wenn wir alle Erwartungen aufgeben, sich neue und unerwartete Wege öffnen. So hatte ich die Zuhörenden mit einer Stille und einem Schweigen konfrontiert, die sie zurückgeführt haben in den Sturm ihrer eigenen Gedanken und Gefühle. Vielleicht haben einige bemerkt, dass inmitten dieses Sturms tatsächlich die Stille wohnt.

Stille –
in den Fels sich bohrend
das Sirren der Zikaden
(Basho, S. 183 f.)

Dieses Haiku stammt aus einem der berühmtesten Texte der japanischen Tradition, einem Reisetagebuch, dessen Titel *Auf schmalen Pfaden ins unwegsame Hinterland* (*Oku no hosomichi*) lautet und von dem Dichter Basho (1644–1694) verfasst wurde. Die Gedichte der Sammlung sind auf der Reise in den äußersten Norden Japans entstanden – und zwar an ganz bestimmten Orten und zu ganz bestimmten Zeiten. Das angeführte Haiku steht am Ende einer kleinen Passage, in der der Besuch eines Bergtempels geschildert wird, der von vielen als besonderer Ort der Stille gepriesen wurde.

Nach einer bestimmten Wegstrecke am Tage machen Basho und sein Begleiter einen Abstecher zu dieser Stätte mit dem Namen »der auf Fels gebaute Tempel«. Sie steigen am späten Nachmittag den Berg hinauf. Der Gang ist anstrengend und schweißtreibend. Wer jemals den japanischen Sommer erlebt hat, weiß, wovon hier die Rede ist. Auch bei nachlassender Hitze ist die Luftfeuchtigkeit so hoch, dass der Schweiß im Stehen rinnt und so versucht, der Haut ein wenig Kühlung zu bringen. Je weiter sie auf den Berg steigen, umso stiller wird es um sie herum. Die Beschwerlichkeit des Aufstiegs, der durch einige tiefe Felsspalten und über schmale Wege führt, lässt alle andere Gedanken verschwinden. Die Kraft der Berge und der Bäume wird immer deutlicher spürbar, und alles scheint sich in einem einzigen Zusammenhang zu verdichten, als sie vor der Buddha-Halle stehen:

> »Einzigartig verschwiegen war die ganze Landschaft um uns, ich hatte das untrügliche Gefühl, dass sie allein nur für uns da war, um unser Herz zu läutern.«
> (Basho, ebd.)

Das Basho-Haiku von S. 5 ist aus der geschilderten Situation entsprungen. Es sind Worte, die aus der tiefen Begegnung des Dichters mit der Landschaft, dem Buddha-Tempel und mit sich selbst hervorgegangen sind. Alles verdichtet sich in der Stille, dem Fels und dem Sirren, bleibt aber nicht getrennt voneinander, sondern dringt ein in die Dichte des Steins. Sowohl die Stille wie auch das Sirren bohren sich in das Undurchdringliche. Oder, wie der japanische Text auch übersetzt werden kann: »Stille und Sirren *sickern* in den Fels«. Das kleine Gedicht konfrontiert uns mit lauter Widersprüchlichkeiten, die sich aber wie von selbst aufzulösen scheinen. Inmitten des Sirrens der Zikaden liegt die Stille, und die Stille ist niemals ohne Geräusch und Klang. Das Bohrende ist zugleich ein Sickern, und letztlich ist alles ein Zusammenhang. Mit Stille und Sirren wird in diesem Haiku auch auf Tod und Leben verwiesen, die im Zen-Buddhismus als zusammengehörig erfahren werden. So heißt es in der berühmten Einleitung zu Bashos Reisetagebuch:

> »›Sonne und Mond, Tage und Monate verweilen nur kurz als Gäste ewiger Zeiten‹, und so ist es mit den Jahren auch: sie gehen und kommen, sind stets auf Reisen [sind wie Reisende, *tabibito* R. E.]. Nicht anders ergeht es den Menschen, die ihr ganzes Leben auf Booten dahinschaukeln lassen, oder jenen, die mit ihren am Zügel geführten Pferden dem Alter entgegenziehen: tagtäglich unterwegs, machen sie das Reisen zu ihrem ständigen Aufenthalt [*tabi wo sumika to su*]. Viele Dichter, die vor uns lebten, starben bereits auf der Wanderschaft.«
> (Basho, S. 43)

Meditierender Buddha, ausgestellt im Berkeley Art Museum in der University of California.

Leben ist Verwandlung. Fortlaufend vergehe ich, um das zu sein, was ich gerade bin. In diesem Sinne bin ich selbst die Reise, in der ich wohne, ohne den Ort, an dem ich wohne, festhalten und ganz einnehmen zu können.

Hier tritt in dichterischer Form ein altes buddhistisches Grundempfinden zutage: Nichts in der Welt ist beständig. Versucht man das Glück festzuhalten, so wird es schnell vergehen. Versucht man äußerliches Leiden zu vermeiden, so stellt das Leid sich von selbst ein. Leben scheint somit in einem unauflöslichen Widerspruch zu bestehen, denn ich selbst *bin* diese Unbeständigkeit. Ich selbst versuche dennoch unablässig, mich selbst als Beständiges zu erhalten. Gerade die Angst vor der eigenen Unbeständigkeit setzt Energien frei, die alles darum geben, das Ich zu bleiben, für das ich mich halte – im Guten wie im Schlechten. Dieser Ich-Erhaltungstrieb bezieht sich nicht nur auf den körperlichen Tod, sondern schreibt sich vielmehr ein in die einfachsten alltäglichen Handlungen: in der Art, die Teller abzuspülen (die der Partnerin nicht gefällt) oder in der tiefen Überzeugung, man selbst mache das alles schon ganz richtig. Wir alle wissen, wie schmerzvoll und langwierig es sein kann, an diesen Selbstverständlichkeiten und diesen Überzeugungen zu rütteln. Es kann daher hilfreich sein, sich täglich, wenn auch nur kurz, mit der Stille zu verbinden, um den eigenen Antrieben und Wünschen nachzuspüren. Vielleicht erscheint dann die eine oder andere Situation in einem neuen Licht.

Atmen

Der Buddhismus stammt ursprünglich aus dem Norden Indiens. Sein Begründer Buddha war der Überlieferung gemäß zunächst ein Prinz, der durch die Erfahrung von Alter, Krankheit und Tod auf die grundsätzliche Vergänglichkeit des Lebens aufmerksam geworden war. Nach der Begegnung mit einem Asketen entschloss er sich, einen Weg zu suchen, dieses grundsätzliche Leiden der Menschen zu überwinden. Sein Weg war dann später weder die strenge Askese noch spitzfindiges Denken, sondern bestand in konkreten Anweisungen für die Meditation und den Umgang mit sich selbst und allen Wesen. Die Bewegung, die durch Buddha angestoßen wurde, war zunächst nur offen für Mönche – und später auch für Nonnen –, die ihr ganzes Leben diesem Weg zu widmen gewillt waren. Darum sind die frühesten Anweisungen für diesen Weg auch direkt an Mönche gerichtet:

»Da hat sich, ihr Mönche, ein Mönch in den Wald begeben, an den Fuß eines Baumes oder an einen einsamen Platz. Er setzt sich mit gekreuzten Beinen nieder, den Körper gerade aufgerichtet, und errichtet ringsum die Achtsamkeit. Acht-

sam atmet er ein, achtsam atmet er aus. Lang einatmend erkennt er: ›Ich atme lang ein‹; lang ausatmend erkennt er: ›Ich atme lang aus‹. Kurz einatmend erkennt er: ›Ich atme kurz ein‹; kurz ausatmend erkennt er: ›Ich atme kurz aus‹. ›Den ganzen Körper empfindend, werde ich einatmen‹, so übt er; ›den ganzen Körper empfindend, werde ich ausatmen‹, so übt er. ›Die Körper-Aktivität beruhigend, werde ich einatmen‹, so übt er; ›die Körper-Aktivität beruhigend, werde ich ausatmen‹, so übt er.«
(Pali-Kanon)

Die Achtsamkeitsübungen beginnen in dem berühmten *Mahasatipatthanasuttam* aus dem Pali-Kanon (vgl. www.palikanon.com), den frühesten Überlieferungen, die wir aus dem Buddhismus besitzen, mit der Übung, das Atmen achtsam in seinem Entstehen und Vergehen zu beobachten. Ich atme ein, ich atme aus. Nur dieses steht zunächst im Zentrum der Aufmerksamkeit. Übt man dies über einen längeren Zeitraum, so beruhigt sich das Atmen von selbst. Dabei fällt einem immer mehr auf, dass sich das Atmen beständig fortsetzt und all mein Tun *immer* begleitet, obwohl es im alltäglichen Handeln kaum bewusst ist. Atmen ist eine Tätigkeit, die wir nur für vergleichsweise kurze Zeit stoppen können. Auch im Schlaf atmen wir weiter, ohne dies bewusst wollen zu müssen. Atmen gehört zu den körperlichen Tätigkeiten, die sich einerseits in hohem Maße von selbst vollziehen, andererseits aber auch in hohem Maße gestaltet werden können wie beispielsweise im Sprechen oder Singen. Mit dem Atmen beginnt unser Leben. Nachdem das Baby den Mutterleib verlassen hat, *muss* es atmen. Es füllt zum ersten Mal seine Lungen. Lange bevor wir »Ich« sagen

Einladung zur Atemübung im Sitzen

Nehmen Sie sich fünf oder zehn Minuten Zeit. Suchen Sie sich einen ruhigen Sitzplatz. Richten Sie Ihren Oberkörper auf, so dass die Wirbelsäule sich ohne anzulehnen nach oben strecken kann und ein freies Gefühl im Brustkorb entsteht. Die Füße ruhen ganzflächig auf dem Boden. Sie können Ihre Hände ineinanderlegen oder auf den Oberschenkeln kurz oberhalb des Knies ruhen lassen. Richten Sie Ihre Aufmerksamkeit auf das Atmen und spüren Sie zunächst, wohin der Atem fließt, ohne ihn zu beeinflussen. Nachdem Ihr Atmen zur Ruhe gekommen ist, atmen Sie drei Mal tief ein, so dass Ihr Brustkorb anschwillt. Nach dem Einatmen atmen Sie – wenn möglich – ganz langsam wieder aus. Anschließend atmen Sie drei Mal tief ein, so dass Ihr Bauchraum anschwillt. Auch danach atmen Sie – wenn möglich – ganz langsam wieder aus. Schließlich atmen Sie wieder, ohne den Atem zu lenken, ein und aus. Lenken Sie Ihre Aufmerksamkeit darauf, wohin der Atem nun von selbst fließt. Achten Sie auch auf den Wechsel zwischen Ein- und Ausatmen. Sie können diese kleine Pause nach dem Ausatmen ein wenig verlängern und spüren, wie das Einatmen erneut von selbst einsetzt. Wenn Sie sich bei der Übung unwohl fühlen, können Sie diese zu jeder Zeit abbrechen.

oder uns unserer selbst bewusst werden, müssen wir atmen – und zwar in unverwechselbarer Weise.

So ist es nicht nur in physiologischer, sondern auch in philosophischer Hinsicht sinnvoll, mit dem Atmen zu beginnen.

Im Atmen zeigt sich eine Grundbewegung des Lebens, die aber zugleich Spiegel unser Gefühle, unserer sinnlichen Eindrücke, unserer Erwartungen und unserer Verspannungen ist. Unser Atmen ist im höchsten Maße sensibel für Stimmungen und Aufregungen. Wir alle kennen Situationen, in der wir unsere Atmung und den Herzschlag nicht mehr unter Kontrolle bringen können, wenn wir z. B. kurz vor einer Prüfung stehen oder eine wichtige Begegnung bevorsteht. Atmen zeigt mir körperlich, wer ich gerade bin. Daher ist das achtsame Beobachten des Atmens zugleich eine Begegnung mit mir selbst. Dies hat nichts mit Esoterik zu tun, sondern mit den physiologischen Grundvorgängen des Lebens selbst. Diese wurden in der europäischen Philosophie und Geistesgeschichte jedoch zu wenig beachtet, obwohl wir auch hier viele Hinweise für die Wichtigkeit des Atmens finden können.

In den »Anweisungen für die Achtsamkeitsübung«, wie wir jede Meditation besser nennen können, wird nicht nur das Atmen genannt. Dieses bildet den Ausgangspunkt für die achtsame Betrachtung aller körperlichen Vorgänge wie etwa des Herzschlags, des Blutkreislaufs, der Darmtätigkeit oder der einzelnen Körperglieder und -organe. Je weiter ich mich auf diese Weise in meinen eigenen körperlichen Zusammenhang vertiefe, umso deutlicher erfahre ich mich selbst als dieser Körper.

Die nächste Ebene der Achtsamkeitsübung besteht in der achtsamen Betrachtung der Gefühle:

> »Empfindet, ihr Mönche, ein Mönch ein freudiges Gefühl, dann erkennt er: ›Ein freudiges Gefühl empfinde ich‹, empfindet er ein leidiges Gefühl, dann erkennt er: ›Ein leidiges

Gefühl empfinde ich‹, empfindet er ein weder freudiges noch leidiges Gefühl, dann erkennt er: ›Ein weder freudiges noch leidiges Gefühl empfinde ich.‹«
(Pali-Kanon)

Vielleicht kann ich bei der achtsamen Betrachtung der eigenen Gefühle noch besser sehen, dass ich durch diese Art der Übung *in eine Beziehung zu mir selbst* trete. Denn ich selbst beobachte so neutral wie eben möglich die Realität meiner eigenen Gefühlslagen und das *Entstehen* und *Vergehen* meiner Gefühle. Ich selbst bin das, was zugleich Gegenstand achtsamer Betrachtung ist.

Übe ich dieses in der Achtsamkeitsübung über längere Zeit, so ist es mehr als nachvollziehbar, dass sich auch mein alltägliches Handeln verändert. Denn je klarer ich selbst das Entstehen und Vergehen meiner Gefühle achtsam begleiten kann, umso deutlicher kann ich in Alltagssituationen vorausahnen, wann ich zornig werde oder Aggression mich wieder packt. Die Übung besteht also nicht darin, die Gefühle einfach zu unterdrücken, sondern darin, sie zunächst achtsam in ihrer Dynamik zu beobachten, so dass bereits aus dieser achtsamen Beobachtung in mir eine Veränderung in meiner Beziehung zu mir selbst eintritt.

Es ist leicht vorstellbar, dass sich die Achtsamkeitsübung auch auf andere Bereiche unserer Existenz beziehen kann. So sind die sinnlichen Eindrücke – wie Sehen, Hören, Riechen, Schmecken, Tasten, Gleichgewichtssinnliches, Bewegungssinnliches oder Schmerzsinnliches – ein Feld der Übung ebenso wie Phantasie und Erinnerung.

Im Alltag der frühen buddhistischen Mönche in Indien bildeten diese Übungen das Zentrum ihres Lebens. Bis heute ist diese Mönchstradition in den Schulen des frühen indischen Buddhismus lebendig. Von diesen Schulen ist die Theravada-Schule die bekannteste, sie ist in Sri Lanka, Thailand, Myanmar und in anderen Ländern weit verbreitet. Bis heute ist es diesen Mönchen verboten, für ihren eigenen Lebensunterhalt zu arbeiten, da sie nur von Gespendetem leben dürfen. So ziehen beispielsweise in Thailand am Morgen Gruppen von Mönchen aus, um das Essen für den Tag einzusammeln. Dies wird im alten Buddhismus als eine Übung in Demut verstanden, da ich mich selbst abhängig mache von denen, die mir spenden. Der Alltag dieser Mönche ist heute weitgehend rituell gestaltet, sollte aber vor allen Dingen der Achtsamkeitsübung gewidmet sein, die in dieser Tradition zumeist allein praktiziert wird.

Meine erste Begegnung mit dieser Form des Buddhismus ereignete sich im Jahr 1981. Wir waren mit einer Schülergruppe im Rahmen eines damals sogenannten »Dritte-Welt-Projektes« nach Sri Lanka gereist. Zur Vorbereitung hatten wir uns auch mit Buddhismus beschäftigt. Auf der Reise bot sich dann die Gelegenheit, einen hoch angesehenen buddhistischen Mönch zu besuchen. Wir fuhren in der Nähe von Kandy, der Hauptstadt der alten Könige im Herzen Sri Lankas, einen kleinen Berg hinauf in den Urwald. Nach etwa einstündiger Fahrt stoppten wir mitten im Wald. Wir stiegen aus und gingen über einen kleinen Weg zu einer Einsiedelei. Hier wohnte Nyanaponika (1901–1994), der in Hanau geboren wurde und 1936 aus Deutschland emigrierte, um auf Sri Lanka in der von Nyanatiloka (1878–1957) gegründeten Einsiedelei buddhistischer Mönch zu werden. Nyanatiloka wurde in Wiesbaden geboren und war der erste westliche buddhistische Mönch über-

Einladung zur Atemübung im Stehen

Nehmen Sie sich fünf oder zehn Minuten Zeit. Suchen Sie sich einen ruhigen Stehplatz. Diese Übung kann alternativ auch in Warteschlangen beispielweise im Supermarkt ausgeführt werden. Spüren Sie Ihre Fußflächen am Boden: die Zehen, die Fußballen, das Längsgewölbe und die Ferse. Lassen Sie nun die Aufmerksamkeit langsam von unten über die Fußknöchel, das Knie und den Oberschenkel in den Beckenbereich wandern. Spüren Sie, wie der Oberkörper mit der Wirbelsäule über dem Beckenraum und der Kopf oberhalb der Wirbelsäule schwingen. Spüren Sie dem dynamischen Gleichgewicht von Unter- und Oberkörper sowie Kopf nach. Lenken Sie nun Ihre Aufmerksamkeit auf das Ein- und Ausatmen. Begleiten Sie Ihr Atmen drei Mal mit voller Aufmerksamkeit und spüren Sie, wie sich das dynamische Schwingen des Gleichgewichts Ihres Körpers mit dem Ein- und Ausatmen verbindet. Gehen Sie nun mit Ihrer Empfindung erneut in die Fußflächen und spüren Sie den Kontakt zum Boden. Spannen Sie, ausgehend von den Füßen, die in den Boden hineinwirken, einen Faden hin zum obersten Punkt des Kopfes, der nach oben strebt. Spüren Sie, wie Ihr Atmen die nach unten und die nach oben wirkenden Kräfte verbindet.
Unterbrechen Sie die Übung immer dann, wenn Sie sich dabei unwohl fühlen.

haupt. Die Einführung in den Buddhismus mitten im Urwald fand also in deutscher Sprache statt. Nyanaponika saß ruhig und gelassen in seinem Stuhl und versuchte uns Schülern einige Grundlehren des Buddhismus näherzubringen. Nach etwa einer halben Stunde war es dann Zeit, wieder zu gehen, damit er allein seine Übung fortsetzen konnte. Es ist leicht vorstellbar, dass diese Begegnung mein Leben nachhaltig verändert hat und bis heute meinen Weg mitbestimmt. Diese Begegnung führte auch dazu, dass ich bereits in den ersten Wochen meines Studiums der Philosophie im Herbst 1983 in einem Hauptseminar einen Vortrag über den Buddhismus hielt und mir Gedanken machte über ein Gespräch und den Austausch zwischen europäischer und asiatischer Philosophie.

Handeln, ohne zu handeln

Es dauerte bis zum Ende des 19. Jh.s, dass die europäischen Gelehrten die vielfältigen Strömungen des Buddhismus in Asien als einen komplexen Zusammenhang erkannt haben. Die Ausdrucksformen des Buddhismus in ihrer frühen Ausformung in Indien, Sri Lanka und anderen Ländern, in der Form der ostasiatischen Schulen (China, Korea, Japan) und dann später auch in den Entwicklungen des tibetischen Buddhismus sind nämlich voneinander sehr verschieden. Die frühen Formen zeichnen sich aus durch eine asketische Tendenz, die ostasiatischen Formen entfalten unterschiedliche Richtungen, die von einer Formfülle verschiedener Buddhas bis hin zu den äußerst reduzierten Steingärten des Zen-Buddhismus reichen. Die tibetischen Richtungen hingegen haben einen Farben- und Bildreichtum entwickelt, der vor allem seinen Ausdruck in den berühmten tibetischen Mandalas erfährt. Bis heute ist es auch innerhalb des Buddhismus nicht selbstverständlich, dass alle Schulrichtungen sich gegenseitig akzeptieren, da ihre Lehren nicht in jeder Hinsicht kompatibel sind und zudem einzelne Lehrer und Lehrerinnen immer wieder neue Richtungen und Ausformungen des Buddhismus entwickeln.

Die erste Kunde vom Buddhismus drang etwa im 1. Jh.

n. Chr. nach China. Im 1.–3. Jh. finden wir vereinzelte kleine Ansammlungen von Mönchen vor allem in Städten wie Luoyang, die an der nördlichen Seidenstraße lagen. Damals begann man, die buddhistischen Schriften aus den indischen Sprachen ins Chinesische zu übersetzen. Die frühen Übersetzungen zeichnen sich dadurch aus, dass man intensiv auf die klassische chinesische Philosophie und ihre Terminologien zurückgriff, vor allem den Daoismus, um die für Chinesen fremden Gedanken des Buddhismus zu vermitteln. Da die Hochzeit der klassischen chinesischen Philosophie bereits 500 Jahre zurücklag, konnten die Übersetzer auf einen reichen Schatz von Wörtern und auf eine hochentwickelte Sprache zurückgreifen. Im 4. und 5. Jh. kam es dann zu ausführlichen Diskussionen zwischen gebildeten Chinesen und Buddhisten. Ein zentraler Punkt der Auseinandersetzung bestand darin, dass die Buddhisten die Befreiung vom Leiden durch Sutrenrezitation, Meditation und Rückzug aus der Welt erreichen wollten, die Chinesen aber bereits ein politisches System ausgebildet hatten, in dem vor allem der Herrscher dafür zuständig war, die Ordnung zwischen Himmel und Erde im Fluss und Gleichgewicht zu halten. So stritt man sich darüber, ob die Buddhisten sich vor dem Herrscher zu verneigen oder allein den Lehren Buddhas Folge zu leisten hätten. An diesem Beispiel lässt sich sehen, dass Auseinandersetzungen zwischen religiösen und politischen Ordnungen des Handelns nicht erst in jüngerer Zeit zu beobachten sind, sondern bereits im alten China die Gemüter erregten.

Die klösterliche Lebensweise, die sich als durchaus unabhängig von der politischen Ordnung verstand, bildete einen weiteren Streitpunkt. Die Klöster entwickelten sich nämlich zu Steueroasen, da die Mönche nicht arbeiten durften und daher auch keine Steuern zahlten. So wuchs die Zahl der Mönche in den Klöstern nicht aus buddhistischer Überzeugung, sondern weil dies ein einfacher Weg war, seiner Steuerschuld zu entkommen. Die Buddhisten bemerkten dies natürlich, so dass auch sie immer mehr daran interessiert waren, ihre Beziehung zur politischen Ordnung zu verändern. In der Tang-Zeit (618–907) wurde der Buddhismus dann vom Kaiserhaus großzügig gefördert, so dass der Kaiser immer wieder Mönche nach Indien schickte, um neue Schriften des Buddhismus aus Indien zu holen. Ab 845 erstarkte eine antibuddhistische Stimmung in der Regierung, so dass am Ende der Tang-Zeit nur noch die Schule des Zen-Buddhismus überleben konnte. Ganz offiziell säkularisierte man Tausende von Mönchen und Nonnen, die zu chinesischen Staatsdienern gemacht wurden.

Die Übertragung des Buddhismus von Indien nach China ist einer der großen Übersetzungsprozesse der Menschheit. In diesem Prozess begegneten sich zwei alte Denktraditionen, die aber in ihren Grundausrichtungen deutlich voneinander abwichen. Betrachtet man die Auseinandersetzungen genauer, so lassen sich viele Motive und Grundfragen finden, die uns bis heute beschäftigen: Soll man fremde Einflüsse aufnehmen oder von Anfang an bekämpfen, um das Eigene »rein« zu erhalten? Soll man Synthesen zulassen zwischen dem Eigenen und dem Fremden, obwohl nicht abzusehen ist, wohin sich eine solche Verbindung entwickelt? Soll man das Religiöse und das Politische strikt voneinander trennen? Kann man religiöse Bewegungen, die das politische System ablehnen, auf der Ebene des Politischen zulassen? All diese Fragen kommen uns sehr bekannt vor. Sie wurden aber bereits im alten China ausführlich diskutiert. Ob wir heute etwas daraus lernen können, sei dahingestellt. Tatsache aber ist, dass viele Fragen der Gegenwart nicht ganz neu sind und es sich lohnt, Blicke in die geschichtlichen Prozesse außereuropäischer Kulturen zu werfen.

Nach gut 300 Jahren wurde das buddhistische Denken in der chinesischen Sprache heimisch. Erst als nicht mehr nur Übersetzungen aus den indischen Sprachen angefertigt wurden, sondern man eigene buddhistische Traktate in chinesischer Sprache verfasste, begann der chinesische Buddhismus im engeren Sinne seine Wirkung zu entfalten. Vor allem ein Autor stand am Anfang dieser Entwicklung: Seng Zhao (374 – ca. 414). Er stammte aus der Umgebung von Chang'an, einer wichtigen Stadt für den Buddhismus im nördlichen China. Seng Zhao war insbesondere auch vertraut mit den alten Klassikern des Daoismus *Laozi* und *Zhuangzi*. In seinen Texten werden buddhistische und daoistische Gedanken auf raffinierte Weise miteinander verwoben, so dass die chinesischen Leser diese Gedanken nicht mehr als fremd empfinden mussten, da sie vieles aus ihrer eigenen Denktradition wiedererkannten.

Zwischen der alten indischen und chinesischen Tradition besteht ein gravierender Unterschied, sie haben eine völlig verschiedene Grundauffassung. Bemühten sich die alten indischen Traditionen des Denkens wie die der Upanishaden und auch des Buddhismus darum, allen Wandel zur vollkommenen Ruhe zu bringen, um so letztlich aus dem Geburtenkreislauf dieser Welt auszuscheiden – Nirvana bedeutet daher das Verlöschen der Flamme und Parinirvana das vollständige Ausscheiden aus dem Geburtenkreislauf –, so ging es in der alten chinesischen Tradition vielmehr darum, vom Wandel der Welt auszugehen und in gelungener Weise in den Fluss des weltlichen Wandels hineinzufinden.

Die Texte von Seng Zhao sind nun davon geprägt, *absolutes Verlöschen* und *lebendigen Wandel* zusammen zu denken. Er nahm sich dabei vor allem Gedanken und Wörter aus dem Daoismus zur Hilfe, beispielsweise das Motiv des Nichthandelns (*wuwei*). Mit diesem Begriff wurde sogar in einigen Texten das Sanskritwort *Nirvana* ins Chinesische übersetzt, was eine erhebliche Bedeutungsveränderung des Verständnisses von Nirvana nach sich zog. Denn Nichthandeln bedeutete im Daoismus gerade nicht, aufzuhören, etwas zu tun, sondern so zu handeln, dass ich selbst in meinem Handeln nicht an Gefühlen, sinnlichen Eindrücken oder Vorstellungen anhafte. Dies erlaubt mir dann in ständiger Resonanz mit allen Umständen der Situation gemäß zu handeln. Nichthandeln bedeutet also, bereit zu sein für die unerwarteten Veränderungen und neuen Möglichkeiten, die dann gelassen ergriffen werden, bis die nächste Wandlung eine neue Einschätzung erfordert. In vielen Fällen bedeutet Nichthandeln aber tatsächlich auch nichts zu tun, so dass sich die Situation von selbst entwickeln kann.

Dies ist eine Haltung, die in Fragen der Erziehung von nicht zu unterschätzender Bedeutung ist. So könnten sicher viele Kleinkinder ein besseres Gleichgewicht in ihrem Körper finden, wenn man ihnen, *ohne ständig einzugreifen*, ausreichend Zeit lassen würde, zwischen Geburt und zweitem Lebensjahr ihre Körperbewegungen eigenständig zu erkunden, um so in ihrem eigenen Rhythmus ein dynamisches Gleichgewicht im freien Gehen zu erreichen. Viele Beispiele lassen sich für dieses Nichthandeln finden. Nicht zuletzt ist jedes schöpferische Tun darauf angewiesen, dass wir ablassen von gewohnten Vorstellungen, die uns bei einschneidenden Veränderungen im Wege stehen. In einem Text von Seng Zhao kommt dies zum Ausdruck:

»Das Sein loszulassen, um im Nichts zu wandeln, das ist, wie von den Gipfeln zu fliehen, nur um im Wildbach zu waten [...]. Deshalb verweilt der vollkommene Mensch im Sein, ohne zu sein, und er wohnt im Nichts ohne Nichts [*zu sein*]. Und da er weder im Sein noch im Nichts ergreift, [*muß*] er im Sein und Nichts folglich auch nicht loslassen. Deshalb bringt sein Bemühen Strahlen und Staub in Einklang, kreisend dreht er sich durch die Fünf Ebenen, in Stille geht er hin und wie furchtsam kehrt er zurück. Unerschütterlich und schlicht [*übt er sich*] im Nicht-Handeln, und nichts bleibt ungetan.«
(Elberfeld 2000, S. 36 f.)

Im ersten Satz lehnt Seng Zhao mit Nachdruck ab, einfach nur diese Welt zu verlassen und zu verlöschen. Ihm geht es darum, inmitten dieser Welt eine Haltung zu finden, die weder einfach egoistisch ist noch sich vollständig in den Umständen auflöst. Es geht ihm um ein Handeln inmitten der Welt, ohne diesem Handeln anzuhaften. Dies ist eine Haltung, die dann entstehen kann, wenn ich mich achtsam einübe in das Entstehen meiner selbst in verschiedenen Situationen. Die Achtsamkeitsübungen, die zu Anfang beschrieben wurden, verbinden sich auf diese Weise durch das Motiv des Nichthandelns mit dem Handeln im Alltag, der dabei gar nicht der Alltag eines Mönches sein muss.

Durch die Übersetzung des buddhistischen Denkens in die chinesische Sprache wurde eine Interpretation buddhistischen Denkens entwickelt, ohne die der Zen-Buddhismus nicht entstanden wäre. Der Zen-Buddhismus ist somit aus einer fruchtbaren Verbindung von altchinesischen Lebens- und Denk-

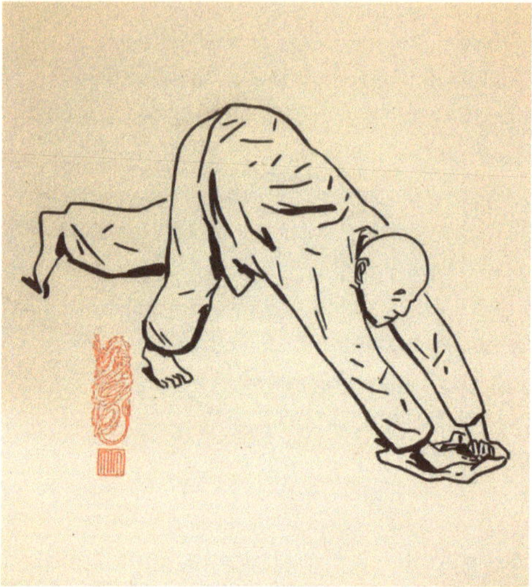

Ein Mönch beim Wischen des Bodens.

motiven hervorgegangen, vor allem aus dem Daoismus und buddhistischer Meditationspraxis indischer Prägung. Ein besonderes Merkmal dieser fruchtbaren Veränderung zeigte sich bald im Lebensalltag der Zen-Mönche. Spätestens im 6. oder 7. Jh. entwickelte sich eine zen-buddhistische Lebensform, in der *körperliche Arbeiten* wie Kochen, Gemüseanbauen oder Putzen eine immer wichtigere Rolle spielten, eine Entwicklung, die in Indien undenkbar gewesen wäre. So ist es nicht verwunderlich, dass einer der berühmtesten Meister des frühen Zen-Buddhismus ursprünglich in der Küche eines Klosters arbeitete.

Der verschwundene Spiegel

Erst der Übergang des Buddhismus von Indien nach China und die Verschmelzung buddhistischer Gedanken mit chinesischen Traditionen ermöglichte es, den Zen-Buddhismus in China entstehen zu lassen. Wir haben uns daran gewöhnt, von *Zen* zu sprechen, wobei das für diese Schule namensgebende chinesische Zeichen im Chinesischen *Chan* gelesen wird. *Chan* und *Zen* sind also Aussprachen des gleichen chinesischen Zeichens, nämlich einmal in chinesischer und einmal in japanischer Sprache. Der Einfachheit halber werde ich im Folgenden weiter von Zen-Buddhismus sprechen. Dabei ist jedoch auch immer der chinesische Chan-Buddhismus gemeint.

Nach zen-buddhistischen Überlieferungen war es Bodhidharma (440–528), der den Zen-Buddhismus von Indien nach China gebracht hat. Dieser sagenhafte Mönch soll vor allem die Meditation und Achtsamkeit geübt und die Wichtigkeit dieser Übungen in seiner Lehre betont haben. Obwohl seine genauen Lebensumstände im Dunkeln liegen, scheint er eine Bewegung angestoßen zu haben, die sich spätestens im 8. Jh. als eine eigene Traditionslinie des Buddhismus verstanden hat. An der Geschichte der legendären Ausschmückungen seines Lebens erkennt man, wie ihm immer mehr zugeschrieben wurde, die strenge Sitzmeditation geübt zu haben. Einige Jahrhunderte nach seinem Tod hieß es z. B., er habe neun Jahre mit dem Blick zur Wand meditiert. Man erkennt auch in den sich in der Folgezeit weiterentwickelnden Erzählungen, dass die strenge Sitzmeditation immer mehr zu einem Kennzeichen des Zen-Buddhismus wurde. Ein Umstand, der auch heute noch in den verschiedenen Schulen des Zen-Buddhismus in Japan zu beobachten ist. An besonders intensiven Tagen der Übung sitzt man dort in Zen-Tempeln bis zu zwölf Stunden mit verschränkten Beinen und regungslosem Körper vor einer Wand, unterbrochen nur von kurzen Gehpausen.

Die ersten sechs Zen-Meister in China

Bodhidharma (ca. 440 bis ca. 528)
Dazu Huike (jap. Daiso Eka, 487–593)
Jianzhi Sengcan (jap. Kanchi Sosan, gest. 606)
Dayi Daoxin (jap. Dai'i Doshin, 580–651)
Daman Hongren (jap. Dai'man Konin, 601–674)
Dajian Huineng (jap. Daikan Eno, 638–713)

Berichte über große Mönche im 7. Jh. sehen Bodhidharma als ersten Meister einer besonderen Überlieferungslinie des Buddhismus: Im 8. Jh. wird Bodhidharma dann in eine direkte Übertragungslinie mit Buddha gestellt, in der er der 28. Meister nach Buddha und der erste Meister in China ist. In dieser Linie ist Mahakasyapa der Erste, der von Buddha direkt die Überlieferung der Lehre erhielt. Wie diese erste Übertragung stattgefunden haben soll, ist im Zen-Buddhismus in vielfältiger Weise ausgeschmückt worden und selbst zu einer Meditationsaufgabe geworden. Nach diesen Erzählungen soll Buddha in einer seiner Lehrreden ohne weitere Erklärung eine weiße Blume vor die Augen der Mönche gehalten haben. Daraufhin blickten sich fast alle Mönche ratlos an, da sie die »Lehrrede« und die Geste nicht zu deuten wussten. Nur einer, nämlich Mahakasyapa, so die zen-buddhistische Überlieferung, soll auf das »Zeigen der Blume« mit einem kleinen Lächeln geantwortet haben. Dies soll für Buddha Zeichen des Erwachens genug gewesen sein, um ihm die Lehrbefugnis zu erteilen und ihn damit zu einem seiner Nachfolger zu machen. Erzählungen zufolge liegt der Ursprung des Zen-Buddhismus schon in der historischen Person Buddha. Diese Geschichte und Herleitung zeigt ebenso, dass diese Schule immer stärker ein Bewusstsein dafür entwickelt hat, die Lehren des Buddha im Vergleich zu anderen Schulen des Buddhismus in besonderer und abweichender Weise zu überliefern. So wurden Bodhidharma wohl erst im 13. Jh. vier berühmte Sentenzen zugeschrieben, die in der Deutung des Zen beispielsweise für SUZUKI Daisetsu im 20. Jh. von zentraler Bedeutung waren und auch immer noch sind. Zen ist demnach:

> Eine über die Lehrdogmatik hinausgehende Überlieferung,
> nicht gestützt auf schriftliche Zeichen,
> unmittelbar zeigend auf das menschliche Herz,
> Buddha werden beim Einsehen der eigenen Wesensnatur.
> (Bodhidharma zugeschriebene Lehre)

Aus diesen vier Sprüchen wurden immer wieder verschiedene Deutungen der Zen-Überlieferung abgeleitet. Diese neigen dazu, Zen zu einer besonders ausgezeichneten Lehre zu machen – auch im Vergleich zu anderen Schulen des Buddhismus. Im Selbstbild des Zen ist dadurch immer wieder neu die Überzeugung entstanden, dass jene Form des Buddhismus der Endpunkt und Gipfel der buddhistischen Entwicklung war und ist. Bei diesen Deutungen steigt jedoch der Verdacht auf, dass durch eine solche Interpretation die vier Sprüche gerade selbst wieder zur Dogmatik werden und der Sinn der Worte verfehlt wird. Aus den Sprüchen wird auch gelegentlich abgeleitet, dass es im Zen nicht darum gehe, zu denken, da alle sprachlichen Reflexionen abzulehnen seien. Dort steht jedoch, dass man sich nicht einfach auf schriftliche Zeichen, sondern – und dies wird in außerordentlich reicher Weise entwickelt – auf die lebendige Begegnung und das direkte Gespräch verlassen solle. Tatsächlich lassen sich die Einsichten des Zen nicht durch bloßes Auswendiglernen der Schriften nachvollziehen. In den Sprüchen geht es immer nur um die konkrete, individuelle Erfahrung, die sich hier und jetzt zeigt und ereignet. Dabei ist es keineswegs ausgeschlossen, dass auch das Lesen eines Textes oder die Diskussion einer traditionellen Lehre zu einer zentralen Erfahrung werden kann. Keine Form, auch nicht die der Meditation, darf verfestigt werden als das allein Seligmachende. Das Erwachen ist immer konkret und kann die verrücktesten Formen annehmen.

Interessant ist die Geschichte des berühmten Meisters Huineng (638–713). Auch der ihm zugeschriebene Text – das Plattform-Sutra – und seine Geschichte sind nicht zu einem bestimmten Zeitpunkt, sondern über einen längeren Zeitraum in China entstanden. Dies ist aber nicht weiter schlimm, da es eigentlich selbstverständlich ist, dass sich Bewegungen wie der Zen-Buddhismus immer in historischen Kontexten gebildet haben. Selbst wenn der kanonische Text des Plattform-Sutra also erst sehr viel später, d. h. im 13. Jh., zusammengestellt und verfasst wurde, so zeigt dies, dass das Leben und die

Huineng zerreißt Sutras. Zeichnung von Liang Kai aus dem 12. Jh.

Geschichte Huinengs eine große und langanhaltende Wirkung auf die Traditionsbildung des Zen gehabt haben.

Die Geschichte im kanonischen Text beginnt damit, dass Huineng erzählt, wie er selbst zum ersten Mal mit dem Buddhismus in Berührung kam: Als er damit beschäftigt war, als Halbwaise Holz für den eigenen Lebensunterhalt und den seiner Mutter zu verkaufen und auszuliefern, hörte er erstmalig einen Mann das bekannte buddhistische Diamant-Sutra laut rezitieren. Allein das Hören dieses Sutras ließ sein Herz erwachen. Daraufhin machte er sich auf zu Meister Hongren (601–674), der in der späteren Rekonstruktion als der fünfte große Meister der Zen-Linie in China angesehen wird.

In dieser ersten Passage der Erzählung fällt auf, dass Huineng aus armen Verhältnissen stammte und hart für seinen

Lebensunterhalt arbeiten musste. Es deutete nichts darauf hin, dass er ein bedeutender buddhistischer Meister werden könnte. Die Wende in seinem Leben geschieht durch einen Akt des *Hörens*, so die Erzählung. Das Hören wurde seit alters im Buddhismus sehr geschätzt. Entsprechend lautet im indischen Buddhismus ein Ausdruck für den buddhistischen Schüler *Sravaka*, ein Wort aus dem Sanskrit mit der Bedeutung ›Hörender‹. Auch hier wird deutlich, dass das gesprochene Wort im Buddhismus eine besondere Bedeutung besitzt, und zwar selbst dann, wenn ein kanonischer Text rezitiert wird. Möglicherweise wurde daher auch im Zen der gesprochenen mehr als der geschriebenen Sprache vertraut, was zum einen den oben angeführten Spruch weiter verdeutlicht und zum anderen an Platons Vorliebe für die Form des Dialogs bzw. seine Kritik der Schrift erinnert, da auch er dem persönlichen Gespräch in der Lehre mehr traute als dem Lesen von Texten.

Die erste Begegnung von Hongren und Huineng findet in einem großen buddhistischen Kloster statt, in dem mehr als eintausend Mönche lebten. Hongren fragt den Neuankömmling, warum er zu ihm komme, obwohl er aus dem unkultivierten Süden stamme und somit ein Barbar sei. Huineng antwortet auf diesen direkten, abwertenden Angriff schlagfertig, indem er sagt, dass es im Buddha-Wesen weder Nord noch Süd und auch keinen Unterschied von Meister und Schüler gebe. Daraufhin schickt ihn der Meister zu Hilfsarbeiten in die Küche, wo er acht Monate verbringt.

In der Geschichte wird Huineng von Anfang an als umfassend Erwachter gezeigt. Seine Antwort auf den Vorwurf, Barbar zu sein, zeigt, dass das Erwachen nicht auf Herkunft oder gesellschaftlicher Stellung beruht. Schon in Indien kümmerten sich die Buddhisten wenig um das Kastensystem. Dies war möglicherweise einer der Gründe dafür, dass der Buddhismus etwa im 10. Jh. n. Chr. in Indien fast vollständig verschwand. An diesem Punkt ist eine interessante Ähnlichkeit zwischen Buddhismus und Christentum zu beobachten, denn auch Jesus kümmerte sich nicht um Herkunft und Stellung, sondern es ging ihm um den einzelnen Menschen als Menschen, und das kann auch von Buddha gesagt werden. Dass sich sowohl der Buddhismus als auch das Christentum in hohem Maße über die Grenzen verschiedener Kulturen und Sprachen hinweg ausbreiten konnten, hat sicher auch mit dieser Auffassung zu tun. In der Möglichkeit zu erwachen sind alle Menschen gleich. Es besteht auch kein Vorrang in Bezug auf Bildung, gesellschaftliche Stellung oder körperliche Kraft. Wichtig ist an dieser Episode auch, dass Huineng direkt zur Arbeit geschickt wird. Dies zeigt, dass sich der Lebensalltag der Mönche im Vergleich zu den indischen Verhältnissen stark verändert hatte. Die alltägliche Arbeit wurde im Zen-Buddhismus wie erwähnt zunehmend aufgewertet und sogar zu einem Zentrum der buddhistischen Übung.

In der weiteren Erzählung fordert der Meister Hongren seine Schüler auf, einen Vers zu verfassen, an dem er sehen kann, wie es um das Erwachen seiner Schüler bestellt ist. Auf diese Weise wolle Hongren zugleich versuchen, seinen Nachfolger ausfindig zu machen. Die Schüler zogen sich daraufhin zurück und dachten, es sei doch unnötig, einen eigenen Vers zu schreiben, da der höchste Mönch unter ihnen mit Namen Shenxiu, der zugleich ihr Lehrer war, sicher den besten verfassen würde. So verließen sich alle auf ihn, ohne sich selbst anzustrengen. Shenxiu nahm die Aufforderung an und verfasste daraufhin folgenden Vers, den er aber im Geheimen an eine

Wand des Klosters schrieb, um zunächst einmal unerkannt die Reaktion des Meisters abzuwarten:

> Der Leib ist der Baum der ursprünglichen Einsicht
> Das Herz ist wie ein Gestell mit klarem Spiegel
> Unablässig bemühe dich, ihn zu polieren
> Lass keinen Staub sich darauf absetzen.
> (Huineng, *Plattform-Sutra*)

Als der Meister diesen Vers sah, lobte er ihn zunächst und ließ ihn alle Anwesenden für einige Tage laut im klösterlichen Alltag rezitieren. Eigentlich war er nicht zufrieden, eröffnete das Shenxiu aber erst später. Er solle weiter üben und noch tiefer bohren, um einen weiteren Vers zu verfassen. Daraufhin war Shenxiu verwirrt und konnte sich zunächst nicht mehr sammeln. Ihm war schon vorher klar, dass der Vers nicht ausreichen würde, aber seine Stellung im Kloster hatte ihn dennoch hoffen lassen, bereits ausreichende Einsicht erlangt zu haben.

In dieser Passage der Erzählung ist besonders wichtig, dass sich die Mönche auf ihren Lehrer Shenxiu verließen, ohne sich selbst zu bemühen. Shenxiu seinerseits war zwar nicht stolz, aber hoffte doch in seiner Position als Lehrer, den Anforderungen genügen zu können. Diese Situation zeigt einen Zusammenhang, der sich nicht nur im Zen-Kloster ereignen kann. Häufig geschieht genau das in Institutionen wie Schulen, Firmen oder Universitäten. Hat sich einmal eine bestimmte Rangordnung gefestigt, so werden durch diese Ordnung viele geschwächt und häufig nur einer oder einige gestärkt. Man verlässt sich auf die, die man für stärker hält, und versucht erst gar nicht, einen eigenen Weg zu gehen. Erst dann, wenn Situationen entstehen, in denen man selbst gezwungen ist, die Initiative zu ergreifen, zeigen sich Möglichkeiten, die zuvor ganz undenkbar schienen.

In der Geschichte wird nun Huineng als Gegenfigur zum Vorsteher der Mönche aufgebaut. Er, der als Barbar ins Kloster gekommen war und nur niedere Tätigkeiten in der Küche ausführen durfte, ohne dass ihm Zugang zur Halle des großen Meisters gewährt wurde, kommt jetzt zum Zuge. Nur zufällig hört Huineng einen Jungen den Vers des Shenxiu rezitieren, als er an der Küche vorbeigeht. Als er diesen hört, wird ihm sofort klar, dass derjenige, der ihn geschrieben hatte, nicht wirklich zum Erwachen gelangt war. Er lässt sich von dem Jungen zu der Wand führen, an der der Vers geschrieben steht, und bittet jemanden, ihm diesen vorzulesen, da er selbst nicht lesen könne. Eine hochstehende Persönlichkeit liest ihn daraufhin vor, und Huineng bemerkt, dass er auch einen Vers beizutragen habe.

In dieser Episode erscheint Huineng nicht nur als Barbar, der niedere Arbeiten im Kloster verrichtet, sondern er muss sich anderen gegenüber als des Lesens und Schreibens Unkundiger zu erkennen geben. Nur durch Zufall *hört* er den Vers, den er selbst nicht hätte lesen können. Mit dieser Wendung in der Geschichte wird also auch die ungeheure Wertschätzung für das Lesen und Schreiben in China relativiert und sogar kritisiert. Für den klassisch-chinesischen Bildungshorizont war es unmöglich, ohne Zugang zu schriftlichen Quellen tiefere Einsicht zu gewinnen. Die Lektüre der klassischen Werke war Voraussetzung dafür, einen Posten im Staatsapparat zu erlangen. Die Inszenierung Huinengs als Analphabeten unterstreicht jedoch eine bestimmte Art der unmittelbaren Einsicht, die völlig unabhängig von Rang, Stellung und Bildung zu sein scheint. In dieser Erzählung entsteht also ein Bild von einem zen-buddhistischen Meister, der sich gerade nicht in den Dingen hervortut, denen gewöhnlich hohe Wertschätzung entgegengebracht wird. Er soll vielmehr unkonventionell sein und muss sich nicht den üblichen Regeln beugen. Seine Kraft soll sich in der unmittelbaren Lebensbewegung und in jeder Begegnung neu zeigen, ohne sich dabei den Üblichkeiten anzupassen.

In der Zen-Tradition hat sich, ausgehend von Erzählungen wie diesen, im Vergleich zur Tradition ein deutlich anderes Bild von denjenigen entwickelt, die das buddhistische Erwachen realisiert haben. Hierfür spielt im Hintergrund der chinesische Daoismus und dort vor allem das Buch *Zhuangzi* eine wichtige Rolle. Darin werden zentrale Bilder von Menschen vorgeprägt, die einen kaum zu unterschätzenden Einfluss auch auf den Zen-Buddhismus ausgeübt haben. So findet sich dort die Geschichte von einem Koch, der in der Kunst des Ochsenzerlegens so weit fortgeschritten war, dass er den Kaiser in der Kunst des Lebens unterrichten konnte. Außerdem werden Müßiggänger gezeigt, die ohne Anhaftung den Wandlungen des Lebens folgen, oder es werden alte knorrige Bäume gepriesen, die durch ihre Verwachsungen zu nichts nütze sind, doch gerade dadurch ihr hohes Alter erreichen konnten. Mit Recht kann daher behauptet werden, dass der Zen-Buddhismus eine sehr eigene Verschmelzung von buddhistischen und daoistischen Einsichten darstellt.

Der Vers, den Huineng dann auf die Wand schreiben ließ und auf den alle mit großer Überraschung reagierten, lautete:

In der ursprünglichen Einsicht gibt es keinen Baum
Auch der klare Spiegel ist ohne Gestell
Ursprünglich tritt kein einziges Ding hervor
Worauf soll sich Staub legen?

(Huineng, *Plattform-Sutra*)

Während sich im Vers von Shenxiu ein Mensch überdeutlich darum bemüht, seinen Geist so rein wie möglich zu halten, verschwindet in jenem von Huineng all dieses. Bei Huineng gibt es keinen Halt, da es nirgends mehr etwas gibt, das vereinzelt für sich stehen würde – Baum, Gestell, Leib und Herz. Bei Huineng wird all dies jedoch zu einem dynamischen Zusammenhang, in dem alles ursprünglich eins und ungetrennt ist. Der Vers betont die Ungeschiedenheit, in der kein einziges Ding mehr auftritt und jeder Unterschied vergessen ist. Dies bedeutet aber nicht, dass einfach alles verschwindet, sondern vielmehr ist die Dichte der Erfahrung aufs äußerste gesteigert. Damit ist aber auch nicht eine Ekstase gemeint, die in besonderen Bewusstseinszuständen realisiert wird. Vielmehr ist diese Erfahrung inmitten des alltäglichen Lebens zu realisieren, so dass sie den anderen Menschen kaum mehr auffällt. In diesem Sinne wird das Motiv des Alltäglichen eines der wichtigsten Leitbilder zen-buddhistischer Praxis. Nur das im alltäglichen Leben sich bewährende Erwachen ist ein nachhaltiges Erwachen zum eigenen Wesen. Nicht das Schwelgen in der Ekstase ist das Ziel, vielmehr stellt jede neue Situation des Alltags eine Möglichkeit dar, zum eigenen Selbst zu erwachen.

Der Alltag als Weg

Die sehr umfangreiche zen-buddhistische Literatur hat viele Lebensbeschreibungen von Meistern, aber auch von Begegnungen zwischen Meistern und Schülern gesammelt. Dabei ist die Geschichte von Huineng eine der ersten und berühmtesten. Nicht also gelehrte Texte, sondern vor allem die Überlieferung *lebendiger Situationen* wurden als wertvolle Unterstützung gesehen, um die Schüler auf ihrem Weg zu begleiten.

Dies führte dazu, dass bestimmte paradigmatische Situationen aus dem Leben großer Meister gesammelt wurden, um sie eigens als Übungsaufgaben in der Meditation zu nutzen. In der Fülle der Überlieferung sind vor allem zwei dieser Sammlungen berühmt geworden. Das *Biyanlu* (jap. *Hekiganroku*), das im 11. und 12. Jh. entstand, ist mit einhundert Beispielsituationen eine eher umfangreiche, das *Wumenguan* (jap. *Mumonkan*), das im 13. Jh. entstand, ist mit 48 Situationen eine kleinere Sammlung.

Für die einzelnen Beispiele hat sich schon früh eine Bezeichnung eingebürgert, die bei uns häufig in der japanischen Lesung bekannt ist. Man nennt sie *Koan* (chin. gong'an), was übersetzt so viel heißt wie ›öffentlicher Aushang bzw. Fall‹, den es zu verhandeln gilt. Die einzelnen Fälle haben eine eigene literarische Form hervorgebracht. Zunächst wird eine kürzere oder etwas längere Situation geschildert. Im Anschluss daran finden sich kurze Kommentare und dann ein Gedicht. Zusätzlich waren diese Geschichten Anlass für zahlreiche Kommentierungen von einzelnen Meistern, die wiederum zu paradigmatischen Geschichten führen konnten.

Aus dem Meer der Möglichkeiten möchte ich eine Geschichte herausgreifen, die den Gedanken des letzten Kapitels fortsetzt, da es dort um das Alltägliche als Weg geht. Das Beispiel 19 in der Sammlung *Wumenguan* trägt den Titel »Das alltägliche Herz ist der Weg«. Die Episode lautet wie folgt:

> Zhaozhou fragt [den Meister] Nanquan: »Worin besteht der Weg?«
> Nanquan antwortet: »Das alltägliche Herz ist der Weg.«
> Zhaozhou fragt: »Muß man sich zu ihm hinwenden oder nicht?«
> Nanquan antwortet: »Wer sich eigens zu ihm hinwendet, wendet sich von ihm ab.«
> Zhaozhou fragt: »Wie kann man, wenn man sich nicht zu ihm hinwendet, wissen, ob es der Weg ist?«
> Nanquan antwortet: »Der Weg gehört nicht zu Wissen und Nichtwissen. Wissen ist Täuschung. Nichtwissen ist nichtig. Wenn einer wirklich den zweifelsfreien Weg erlangt, so ist er weit und offen wie die Große Leere. Was kann man auf der Ebene von richtig oder falsch schon dazu sagen?«
> Bei diesen Worten erfuhr Zhaozhou plötzliches Erwachen.
> (Mumonkan, S. 85)

Nanquan (749–835) war einer der großen Meister während des goldenen Zeitalters des Zen. In dieser Phase, die in die chinesische Tang-Zeit (618–907), also eine Hochzeit der chinesischen Kultur insgesamt, fällt, traten viele der später bedeutenden Meister auf. Zhaozhou (778–897), der in der kleinen Geschichte noch als Lernender auftritt, war ebenfalls einer der berühmtesten Meister der Tang-Zeit. Im *Wumenguan* tritt er in zwölf und im *Biyanlu* in fünf Geschichten auf. Zu dieser Zeit war es anscheinend bereits üblich, durch das Land zu wandern und verschiedene Meister aufzusuchen, um herauszufinden, bei wem man die Übung aufnehmen möchte bzw. von wem man als Schüler akzeptiert werden konnte. Die Begegnung von Nanquan und Zhaouzhou hat sich bestimmt nicht so ereignet, wie es in der Geschichte erzählt wird. In der Begegnung ist aber sicher etwas passiert, das dann als Vorlage für die Zuspitzung gedient hat.

Das Gespräch beginnt damit, dass der Schüler den Meister nach dem »Weg« fragt. In der chinesischen Fassung wird hier das Zeichen für das auch in deutscher Sprache inzwischen eingebürgerte Wort *dao* (oder auch *tao* umgeschrieben) verwendet. Dieses Zeichen, das dem »Dao-ismus« (bzw. »Tao-ismus«) seinen Namen gibt, gehört zu den zentralen Ausdrücken der chinesischen Philosophie. Es ist ähnlich wichtig wie »*logos*«, »Vernunft« und »Wahrheit« in Europa. Eine Fassung des *Daodejing* von *Laozi* (etwa 6. oder 5. Jh. v. Chr.) beginnt mit dem Vers: *dao ke dao, fei chang dao*, was wie folgt übersetzt werden kann:

»*Dao*, über das gesprochen werden kann, ist nicht das beständige *Dao*.«

Oder:

»Der Weg, über den gesprochen werden kann, ist nicht der beständige Weg.«

An dieser Stelle können nicht alle möglichen Übersetzungsvarianten verfolgt werden. Wichtig ist, dass *dao* nicht etwas ist, über das man nach Lust und Laune verfügen kann. Es ist vielmehr ein Weg, der sich selber seinen Weg bahnt, ein Fluss, in dem ich selbst mitschwimme, oder eine Wandlungsform, in die ich hineinfinde, die ich aber nicht einfach von mir aus bestimmen kann. Die Frage, die Nanquan dem Zhaozhou stellt, könnte demnach auch von einem Adepten des Daoismus gestellt werden.

Die Antwort von Nanquan betont das Alltägliche und Gewöhnliche, sie erhält jedoch einen Zusatz, der eine buddhistische Bedeutung mit in die Geschichte hineinträgt. Wie bereits gesagt, wurde vor allem im *Zhuangzi* das Alltägliche gelobt und ins Zentrum daoistischer Gedanken gestellt. Nach dem Ausdruck für das Alltägliche und Gewöhnliche steht hier das chinesische Zeichen für ›Herz‹ (chin. *xin*, jap. *shin/kokoro*), das im buddhistischen Kontext auch mit ›Geist‹ oder sogar ›Bewusstsein‹ übersetzt werden kann. ›Herz‹ ist eine mögliche Übersetzung für das Sanskritwort *citta*, mit dem alle Tätigkeiten des Bewusstseins gemeint sind – Wahrnehmen, Fühlen, Denken, Phantasieren usw. Dabei wird vor allem die Qualität dieser Vollzüge hervorgehoben. In einigen Kontexten wird dabei besonders das Gefühlshafte betont, in anderen eher das Bewusstsein.

Wie bereits ausgeführt, geht es in der buddhistischen Meditation um die intensive Betrachtung der eigenen Bewegungen in Leib, Herz und Geist. Mit dem Wort »Herz« sind in unserem Beispiel all diese Ebenen in ihrer vollen Differenzierung gemeint. Eine ähnliche Ausfaltung der verschiedenen Ebenen in der Achtsamkeitsübung hatte es in den Texten des alten Daoismus nicht gegeben. So wird in diesem Text in feiner und wieder kaum merklicher Weise Daoistisches mit Buddhistischem verwoben. Dabei stehen hinter den beiden Zeichen *dao* und *xin* jeweils nicht vorrangig begrifflich differenzierte Gedankengebäude, sondern vollständig entfaltete, konkrete Übungspraktiken, die den Menschen nachhaltig verändern und sein Handeln prägen.

So kennen wir heute die Übungspraktiken des *Qigong* oder des *Taijiquan*, die sich in ihren Vorformen bereits früh in China entwickelt haben. In diesen häufig ganzkörperlichen Bewegungen geht es darum, den Körper und alle anderen Kräfte in einen Fluss zu bringen, der an keiner Stelle aufhört, sich aber in vielfältige Nuancen differenziert. Entsprechend sind vor allem die fließenden Bewegungen zu einem Sinnbild für das *dao* geworden.

Demgegenüber ist im Hintergrund des Zeichens *xin* auf die große Vielfalt der Achtsamkeitsübungen zu verweisen, die nur langsam und geduldig ausgeführt geistige und leibliche Einsichten mit vorbereiten, wie sie für den Buddhismus wichtig sind. Dass hinter Begriffen immer auch eine Praxis steht, gilt nicht nur für den asiatischen Kontext, sondern auch für Europa. Denn Vernunft kann nicht verstanden werden, ohne dass man vernünftig handelt. Die Gewichtung der Praxis ist in Asien und Europa möglicherweise verschieden. Ähnlich, wie in Asien die konkrete menschliche Praxis im Hintergrund in den meisten Fällen wichtiger ist als die begriffliche Explikation, stellen in der europäischen Philosophie die begriffliche Argumentation und Differenzierung häufig die konkreten Praxisformen in den Schatten. So können in der europäischen Philosophie die spitzfindigsten Reflexionen über »praktische Vernunft« angestellt werden, ohne auch nur ein einziges Mal ein entsprechendes konkretes Beispiel zu nennen. Umgekehrt ergehen sich die großen und wirksamen Texte in Ostasien wie z. B. das *Lunyu*, in dem Sprüche des Konfuzius gesammelt sind, in unendlichen Beispielen, ohne den prinzipiellen Fragen selbst ausführlich nachzugehen.

Die ersten beiden Zeilen im Beispiel verdichten somit bereits verschiedenste Bezüge. Mit der nächsten Frage von Zhaozhou wird die Einstellung des Suchenden ins Zentrum der Aufmerksamkeit gestellt: Suche ich meinen Weg, so stellt sich die Frage, wie ich ihn finden kann. Soll ich mich bewusst auf die Suche machen, oder soll ich einfach abwarten, um zu sehen, was passiert? Wenn ich anfange zu suchen, weiß ich ja noch nicht, was ich finden möchte. Wenn ich mich einfach treiben lasse, weiß ich ebenfalls nicht, worauf ich aufmerksam sein soll. Mit dieser einfachen Frage wird eine paradoxe Bewegung in Gang gesetzt: Denn, was ich noch nicht weiß, kann ich auch nicht suchen, da mir jedes Kriterium fehlt, meine Aufmerksamkeit auszurichten. Es fragt sich also, wie das auffällig werden kann, was mir wirklich wichtig ist und zu meinem Weg werden kann.

Die Antwort Nanquans besteht darin, die bewusste Hinwendung zum Weg in Frage zu stellen. Denn wenn ich beginne, mir den Weg auf diese oder jene Weise vorzustellen und auszumalen, so baut sich in mir ein Bild vom Weg auf, das möglicherweise nur mit meinen eigenen (oft egoistischen) Wünschen und Vorlieben zu tun hat, jedoch auf diese Weise kaum zu realisieren ist. Wenn aber dieses Hinwenden nicht gut ist, so bleibt unklar, anhand welcher Kriterien ich denn überhaupt von dem Weg ein Wissen erlangen kann, so die Rückfrage Zhaozhous an seinen Meister.

In der letzten Passage des Beispiels holt der Meister dann weiter aus und weist die Alternativen Wissen und Nichtwissen für den Weg (*dao*) zurück. Weder geht es einfach um ein Wissen noch um ein Nichtwissen, denn beides ist für den Weg unzureichend. Ist man fest davon überzeugt, etwas zu wissen, so ist dies nur ein Steckenbleiben in den eigenen Vorlieben und damit eine Täuschung. Ist man jedoch der Meinung, einfach nur ohne jedes Wissen zu sein, so bleibt man hängen in der eigenen Passivität und Trägheit.

Der Meister beschreibt in einem Satz jene Haltung, die nötig ist, um den Weg zu gehen. Im Zentrum steht dabei die Wendung »große Leere«. »Leere« war bereits im älteren Buddhismus zu einem Grundtopos geworden, ganz im Gegensatz zu Europa, wo lange Zeit eine entschiedene Angst vor Leere, ein *horror vacui* vorherrschte. Leer zu werden ist in unserer Sprache bis heute negativ besetzt. Redewendungen wie »ein Gefühl der Leere« oder »leere Versprechungen« zeigen, dass der Leere wenig Positives abgewonnen werden kann. Im Gegensatz dazu wurde die Erfahrung der Leere in der Geschichte des Buddhismus als im höchsten Sinne positiv aufgebaut.

Dies kann man sich wie folgt verdeutlichen: Beginne ich mit den Achtsamkeitsübungen, so besteht zunächst die gewöhnliche Erfahrung darin, dass etwa Gedanken, Gefühle, Phantasien, Vorstellungen oder sprachliche Fetzen aus tausend Richtungen in mir auftauchen. Erst nach längerer Übung kann sich ein Zustand einstellen, der in Shenxius Vers mit einem »sauberen Spiegel« ohne jeden Staub umschrieben wird: Der Geist und das Bewusstsein werden klar, so dass eine innere Ruhe eintritt, in der ich mich einrichten kann.

Wie am Beispiel von Huineng deutlich wird, ist dies aber noch nicht der letzte Schritt: Man kann dies vielleicht vergleichen mit einer stoischen Haltung, die mit nichts aus der Ruhe zu bringen ist: keine Gefühle, keine Regungen, keine

Impulse. Ich selbst kann mich in dieser Ruhe wohl fühlen, ohne aus meinem wohligen Häuschen herauskommen zu müssen. Doch genau diese Haltung wird im Zen stark kritisiert, da ich im Grunde doch nur ein egoistisches Gefühl kultiviere, ohne die Erfahrung in den Wirren des Alltags zu realisieren. Im Beispiel 46 im *Wumenguan* wird der Schritt, der hier zu leisten ist, dramatisch zugespitzt geschildert: »Mag einer, der unbeweglich auf der Spitze einer hundert Shaku (ca. 33 m) langen Stange hockt, auch Erfahrung erlangt haben, so ist es doch nicht die echte Sache. Er muss über die Spitze dieser Stange noch einen Schritt hinausschreiten und seine ganze Gestalt nach allen Richtungen hin im Weltall manifestieren.« (Mumonkan, 159)

Nanquan qualifiziert in seinem Satz die »große Leere« als »weiträumig« (*guo ran*) und »offen(sichtlich)« (*dong huo*). Die Zeichen zeigen ein Netz von Bedeutungen auf, das ins Weite, Offene, Befreite, Durchsichtige, Durchdringende verweist. Die Leere verweilt so nicht in der Leere, sondern wird zugleich das Offene und Weite. Die Leere umfasst in sich die unendlichen Möglichkeiten und Bezüge, die das Leben für mich bereithält. Aber erst dann, wenn ich von den Bezügen nicht mehr gefangen gehalten werde, wie etwa von meiner Sucht, immer im Kontakt mit allen zu stehen oder immer auf dem neuesten Stand sein zu müssen, zeigt sich ein Weg, den ich nicht künstlich machen, für den ich aber bereit sein kann. Ich bin somit weder einfach aktiv noch nur passiv. Vielmehr ist die Erfahrung der Leere die Möglichkeit, den Weg entstehen zu lassen, und zwar in aller Gelassenheit inmitten der alltäglichen Anforderung. Ich kann den Weg nicht herbeizwingen. Ohne dass ich mich offen einlasse, wird er sich aber auch nicht zeigen.

Der letzte Satz der Antwort in der Geschichte besagt, dass

man bei dieser Weise der Wegfindung nicht von richtig oder falsch sprechen kann. Denn als richtig oder falsch kann nur das beurteilt werden, für das klare äußerliche Kriterien vorliegen, die es entsprechend anzuwenden gilt. Beim Essen nicht zu schmatzen gilt dann als falsch, wenn dies entsprechend den Esssitten abgelehnt wird. Ein Wirtschaftsstudium gilt dann als richtige Wahl, wenn man meint, sich dadurch einen Job zu sichern. Wir alle haben im Leben etwas getan, bei dem die anderen meinten, es sei aus bestimmten ökonomischen oder anderen Gründen genau das Richtige. Oder wir haben umgekehrt etwas getan, bei dem uns alle abgeraten haben, da es uns in den Ruin treiben würde. In beiden Fällen hätte sich alles ganz anders entwickeln können, wissen können wir dies aber vorher nicht. Und genau so ist die Antwort hier gemeint: Es geht darum, immer wieder neu die Spielräume im Leben auszuloten. Wer bin ich? Wo stehe ich? Was ist der nächste Schritt? All dies lässt sich nie, so die Grundüberzeugung des Zen, in letzter und absoluter Weise absichern. Es gilt, im Alltäglichen die Offenheiten aufsteigen zu lassen, sich selbst immer wieder zu entsichern, um das eigene Leben in Resonanz mit allen anderen und den Umständen entstehen zu lassen.

Auf Bootsfahrt mit Dogen

Der Buddhismus kam bereits im 6. Jh. nach Japan. Anfangs verbreiteten sich jedoch vor allem sechs Schulen: Ritsu, Jojitsu, Kusha, Sanron, Hosso und Kegon. Die Namen habe ich hier angeführt, um zu zeigen, wie vielfältig der Buddhismus zu dieser Zeit bereits war. Japanische Mönche gingen schon sehr früh zum Studium des Buddhismus nach China, wo sie ein, zwei oder mehrere Jahre verbrachten. Ihr Auslandsaufenthalt führte dazu, dass sich die chinesische und japanische Kultur immer stärker miteinander verbanden.

Seit dem 6. Jh. hatte Japan zunächst die Schrift, den Buddhismus, Künste und anderes aus China mit den eigenen Lebensweisen verbunden. Im 13. Jh. war dieser Prozess einer Verschmelzung von chinesischer und japanischer Kultur bereits so weit vorangeschritten, dass sich eine eigene japanische Schriftform im Zusammenhang mit den chinesischen Schriftzeichen entwickelt hatte. So stoßen wir im 13. Jh. im Rahmen der Übertragung des Zen-Buddhismus auf Texte, die im klassischen Japanisch verfasst wurden. Dieses Japanische nutzte zum einen die Stärken der chinesischen Schrift, entwickelte aber zugleich auch die Möglichkeiten der eigenen japanischen Sprachstruktur weiter, die vom Chinesischen deutlich abwich.

Der Zen-Buddhismus wurde zunächst vor allem in Form von zwei Schulen des Zen nach Japan übertragen, nämlich als Rinzai-zen und Soto-zen. Diese beiden Schulen gehen jeweils auf große Traditionslinien in China zurück. Neben diesen beiden Schulen existieren auch noch andere Zen-Schulen, die aber in ihrer Bedeutung auch bis heute deutlich hinter den beiden großen zurücktreten. Die Rinzai-Schule wurde von Eisai (1141–1215) und die Soto-Schule von Dogen (1200–1252) nach Japan gebracht. Eisai hatte bei seiner Rückkehr nicht nur die Lehren der Rinzai-Schule im Gepäck, sondern auch Teesamen, so dass durch ihn die Teekultur, die nach der ersten Einführung gut 500 Jahre früher weitgehend wieder in Vergessenheit geraten war, in Japan zu neuem Leben erwachte.

Auch der Zen-Meister Dogen war für zwei Jahre nach China gegangen und brachte dann die Lehren der Soto-Schule mit nach Japan. Die Besonderheit dieser Lehre besteht darin, dass vor allem das lange meditative Sitzen betont wird. Bis heute kann man in Tempeln dieser Schule an Meditationen teilnehmen, bei denen man am Stück 50 Minuten in Stille auf dem Sitzkissen verweilt, 10 Minuten in einem sehr langsamen Gehen weiterübt und dann wieder 50 Minuten auf dem Kissen sitzt. Mit entsprechenden Essenspausen kann sich dies 12–14 Mal wiederholen, so dass am Tag nur wenig Zeit für andere Tätigkeiten wie z. B. Schlafen bleibt. Dies kann eine Woche, aber auch länger dauern. Für den Laien lässt sich nur annähernd erahnen, welche Strapazen hiermit verbunden sind. Berichte über diesen Alltag lösen seit Jahrzehnten in deutschsprachigen Darstellungen Faszination oder aber auch blankes Entsetzen aus. Die Struktur des Zen-Alltags ist daher seit langem ebenso Projektionsfläche für exotisierende Wünsche wie auch für pauschale Abwertungen. Einen entspannten und lustigen Zugang zu diesem Leben bietet der Film *Erleuchtung garantiert* von Doris Dörrie, in dem es zwei Protagonisten nach Japan verschlägt, um sich am Leben im Zen-Tempel zu versuchen und so die ein oder andere Überraschung zu erleben.

Meister Dogen hat neben vielen wichtigen Schriften, die in der Soto-Schule überliefert wurden, auch einen großen beeindruckenden Tempel inmitten der Berge erbauen lassen und diesen einige Jahre geleitet. Der Name des Tempels ist Eiheiji, was übersetzt werden kann mit »Tempel des ewigen Friedens«. Er liegt in der heutigen Provinz Fukui und ist nicht leicht zu erreichen. Gebäude aus der Zeit Dogens sind nicht erhalten. Da die Gebäude weitgehend aus Holz errichtet wurden, stammen die ältesten erhaltenen Teile aus dem 18. Jh. Die Tempelanlage liegt insgesamt auf einem relativ steilen Berghang bzw. ist in diesen hineingebaut.

Als ich diesen Ort 1986 erstmalig besuchte, war ich tief beeindruckt. Nachdem ich das Haupttor durchschritten hatte, sah ich eine Holztreppe, die über endlose Stufen empor zur Buddha-Halle verläuft. Der anstrengende Aufstieg brachte mich völlig außer Atem. Angekommen in der Halle, verweilte ich vor der großen Buddha-Skulptur und versuchte die Atmosphäre des großen Raumes und der Umgebung in mich aufzunehmen. Als ich dann später erfuhr, dass Besucher auch an der großen Morgenzeremonie teilnehmen konnten, suchte ich mir einen Platz für die Übernachtung und stand um 4 Uhr morgens erneut vor dem Tempel. Die Sonne war noch nicht aufgegangen. Ich musste unten vor der langen Holztreppe so lange warten, bis mir ein Zeichen gegeben wurde. Als ich mit dem Aufstieg begann, erschütterte mich völlig unerwartet das laute Dröhnen der großen Dharma-Trommel, die in der Nähe der Treppe zum ersten Mal geschlagen wurde. Der Klang ging mir durch Mark und Bein. Das Dröhnen und die starken Schwingungen drangen auch tief in den Wald hinein. Schon bald erfolgte der nächste Schlag, der nicht minder heftig war. Bis ich oben angekommen war, ließ das Trommeln langsam nach und verhallte im dunklen Wald. In der Buddha-Halle hatten die Mönche bereits mit der Rezitation der Sutren begonnen. Über eine Stunde verfolgte ich regungslos am Rande die von rituellem Gehen begleitete Rezitation. Am Ende der Morgenzeremonie verschwanden die Mönche in andere Teile des Klosters, und es trat Stille ein, in die sich das Erwachen des Waldes und der Tiere mischte. Beim Heruntergehen konnte ich noch einen Blick auf die riesige Dharma-Trommel werfen, die einen Umfang von ungefähr zwei Metern hat. Nun erst wurde mir klar, was ich zuvor beim Aufstieg dröhnen gehört hatte.

Obwohl Dogen weniger als zehn Jahre vor seinem Tod im Eiheiji verbringen konnte, war es ihm doch möglich, in dieser Zeit seine verschiedenen Schriften zu sichten und zu überarbeiten und viele neue zu verfassen. Unter den zahlreichen Werken stechen vor allem die Texte hervor, die in der Sammlung *Shobogenzo* gesammelt sind. Bei ihnen handelt es sich zum Großteil um Lehrreden, die erst später verschriftlicht wurden. Die Texte sind in japanischer Sprache verfasst und zeugen nicht nur von einem ungewöhnlichen poetischen Reichtum, sondern auch von besonderer philosophischer Tiefe.

Seine Texte wurden lange als Geheimlehre der Soto-Schule unter Verschluss gehalten. Erst im 20. Jh. hat man diese Texte in der Philosophie und Buddhismuskunde ausführlich untersucht. Nach gut hundert Jahren der philosophischen Auslegung dieser Texte in Japan und in anderen Teilen der Welt bieten sie noch immer einen reichen Schatz für überraschende Entdeckungen.

Die folgende kleine Passage entstammt einem kurzen Text aus dem *Shobogenzo*, der den Titel *Zenki* trägt, etwa: »Alle Momente, Anlässe oder Bezüge«. Er fasst die Situation des menschlichen Lebens und die Suche nach dem Weg in ein eindringliches Bild:

> »Leben ist, wie wenn jemand in einem Boot dahingleitet. Auf diesem Boot gebrauche ich ein Segel und lenke mit einem Ruder. Auch wenn ich mich mit einem Stab fortstoße, so trägt mich das Boot und ich bin nichts außer dem Boot. Indem ich in dem Boot dahingleite, lasse ich dieses Boot Boot sein. Diese richtige und treffende Zeit ist bemüht auszuprobieren und inständig zu üben. In dieser richtigen und treffenden Zeit ist das Boot niemals nicht die Welt. Himmel wie Wasser wie Küste sind alle die Zeiten des Bootes. Sie sind nicht gleich den übrigen Zeiten, die nicht das Boot sind. *Daher ist Leben, was ich leben lasse, und ich bin, was Leben mich sein lässt.* Beim Bootfahren sind Leib und Herz, Umgebung und ich selbst, beide das in sich bewegte Gefüge der Momente des Bootes. Die ganze große Erde und der ganze leere Himmel, beides ist das in sich bewegte Gefüge der Momente des Bootes. Das Ich, das Leben ist, und das Leben, das ich bin, sind auf diese Weise.«
> (Dogen, S. 182)

Im Buddhismus hat sich über viele Jahrhunderte hinweg eine bestimmte Einsicht entwickelt: Jedes Leben, in welcher Form auch immer, ist *Entstehen in Abhängigkeit.* Nichts steht einfach nur für sich. Nichts ist gänzlich abgetrennt von allem anderen. Um »Ich« sagen zu können, muss es ein »Du« für mich geben.

Dieses Du ist selbst ein Ich, für das ich ein Du bin. Ich entstehe in einem anderen Menschen, in meiner Mutter. Mein Sprechen entsteht durch das Sprechen der anderen. Alles, was wir lernen und tun, ist eingebunden in Zusammenhänge, ohne die wir dieses nicht lernen und tun könnten. Alles entsteht in Beziehungen und aus Beziehungen und wird verwandelt in weitere Beziehungen. Im Wandel dieser Beziehungen gibt es weder einen absoluten Anfang noch ein absolutes Ende. Die Betonung dieses Wandels der Beziehungen ist durch die Übertragung des Buddhismus von Indien nach China erheblich gestärkt worden bzw. als solche in den Fokus der buddhistischen Übungen getreten.

Das Bild von Dogen zeigt uns einen Menschen, der auf einem Boot dahingleitet. Das Wasser trägt das Boot, und das Boot aus Holz lässt sein Gewicht vom Wasser tragen. Beide sind immer in Bewegung, und der Halt des Bootes ist fortwährend gefährdet. Wer jemals mit einem Boot gekentert ist, weiß, dass jede Bootsfahrt auch ein Wagnis ist. Die Grundsituation des Menschen, die durch dieses Bild umrissen wird, besteht somit in einem bewegten Gleichgewicht, das immer in der Gefahr steht, zu kippen. Dogen schildert in seinem Beispiel keinen starken Wind, der die Gefahren für das Gleichgewicht noch steigern würde. Nur Segel und Ruder werden erwähnt, die die Fahrt in Gang halten und helfen, die Richtung nicht zu verlieren. Beim Fahren des Bootes bin ich selbst das Fahren des Bootes. Im Zusammenhang von Wasser, Boot, Segel, Ruder, Stab und mir selbst zeigt sich eine Bewegung, in der jedes dieser Momente notwendig ist. Alles bildet einen Zusammenhang als dieser Ort und diese Zeit. Dogen sagt nun, dass wir genau den jeweiligen Zusammenhang jeweils üben und ausprobieren müssen. Jeder Zusammenhang – und hier-

In die ferne Bucht kommen Segelboote zurück. Landschaftsbild von Yü-chien.

mit sind eben das alltägliche Handeln und alle Situationen des Lebens gemeint – hält fortwährend neue Herausforderungen bereit, wie das Bild von der Bootsfahrt zeigt.

Im Text folgt dann der Satz: »*Daher ist Leben, was ich leben lasse, und ich bin, was Leben mich sein lässt.*« Das Wort »Leben« steht hier für das Ganze, das Wort »ich« für das Einzelne. Das Ganze und das Einzelne stehen immer in einer intimen Wechselwirkung. Ohne das eine kann das andere nicht sein.

Ein schönes Beispiel für eine solche Wechselbeziehung sind die Sprachen: Eine natürliche Sprache wird immer von vielen verschiedenen Menschen gesprochen. Jeder einzelne Mensch spricht die jeweilige Sprache jedoch nur in seiner unverwechselbaren Weise, dennoch verstehen wir das Sprechen der anderen. Ein einzelner Mensch könnte keine Sprache als Sprache am Leben halten, da er mit niemandem sprechen könnte. Jede natürliche Sprache besteht nur im Sprechen der Einzelnen. Dabei befindet sie sich als Sprache in laufender Veränderung. Jeder Einzelne trägt durch den Gebrauch der Sprache dazu bei, das Leben der einzelnen Sprache in Bewegung zu halten. Das gibt jedem Einzelnen wiederum die Möglichkeit, sich und sein Leben in bestimmter Weise zum Ausdruck zu bringen.

Da es aber nicht nur eine natürliche Sprache gibt, sondern über 6000 (wenn man viele Dialekte nicht als Sprachen zählt), so kann dies Bild nochmals erweitert werden: Man erhält ein unendlich komplexes Gebilde von Beziehungen, in dem aber jede einzelne Sprachhandlung das Sprechen der Sprache(n) am Leben erhält.

Die Frage »Wer bin ich?« verändert aus dieser Perspektive gesehen ihren Sinn. Es geht nun darum: »Aus welchen Beziehungen entsteht welches Ich in mir?« Denn die Beziehungen bringen mich jeweils in anderer Weise hervor. *Ich bin* meine jeweilige Beziehung. Und in einer anderen Beziehung bin ich ein anderes Ich. Denke ich mich also als meine Beziehungen, so bin ich selbst nicht allein, sondern ich bin viele – eine Überlegung, die in Europa schon bei Montaigne, Nietzsche, Proust und anderen zu finden ist. In der japanischen Sprache begegnet einem in diesem Zusammenhang eine weitere Besonderheit. Denn dort gibt es für den alltäglichen Sprachgebrauch kein abstraktes Wort wie »Ich«, das in allen Situationen verwendet werden könnte. Falls ich in Japan im Alltag oder auf Konferenzen Japanisch spreche, stehen mir vier Wörter für die Bezeichnung der ersten Person zur Verfügung: »*watakushi*« (sehr höflich), »*watashi*« (höflich), »*boku*« (unter Freunden), »*ore*« (unter guten männlichen Freunden). Die Zahl der Wörter für die erste Person liegt aber noch erheblich höher als diese vier Möglichkeiten und variiert zudem auch regional. Zudem sind die Wörter für Männer und Frauen verschieden, da das »Ich-Sagen« auch einen Geschlechterunterschied markiert, was selbst wiederum viele Schwierigkeiten erzeugt. Dieses Phänomen gibt einen Hinweis darauf, dass die Vorgaben einzelner

Sprachen durchaus einen Einfluss darauf haben, wie ich selbst mich als Ich erfahre. Denn wenn sich mein »Ich-Sagen« von Situation zu Situation verändert, so legt dies etwas anderes nahe, als wenn ich in allen Situationen und auch mir gegenüber immer das gleiche Ich zu sein scheine. Man kann hier sehen, wie auch die Frage »Wer bin ich?« durchaus nicht in allen Sprachen auf die gleiche Weise gestellt werden kann. Im Japanischen wird für das abstrakte »Ich« häufig das Personalpronomen der ersten Person aus dem Chinesischen »*ware*« (dies verwendet auch Dogen) oder das neu gebildete Wort »*jiga*« benutzt. Beide Wörter werden aber in der Alltagssprache nicht verwendet.

Im Japanischen kompliziert sich die Situation jedoch noch dadurch, dass man in vielen Sprechsituationen das Subjekt einfach weglassen kann oder es sogar weggelassen werden soll. Auch in philosophischen Texten ist es ohne Probleme möglich, das Subjekt auszulassen. Ein europäischer Leser fragt sich dann sogleich: *Wer* handelt hier eigentlich?

Mit dieser Frage sind wir unversehens in eine zen-buddhistische Situation geraten, die einem Koan (vgl. S. 36) gleicht. Man könnte nun antworten: das Leben handelt, oder: die Beziehung handelt, oder: ich und die Beziehung handeln. Auf welche Seite sollen wir uns aber stellen? Sollen wir verschiedene Perspektiven einnehmen? Oder ist doch nur unser Ich der letzte Garant für die Wirklichkeit und unser Handeln? Vielleicht müssen wir aber für eine Beantwortung dieser Fragen Koan 38 aus dem *Mumonkan* üben: »Geht da zum Beispiel eine Wasserbüffelkuh am Fenstergitter vorbei. Kopf, Hörner und die vier Füße, alles geht vorbei. Warum kann nicht auch der Schwanz vorbeigehen?« (Mumonkan, S. 135) Einige Zen-Meister halten dieses Koan für besonders schwierig.

Die Bootsfahrt mit Dogen hat uns in ziemliche Schwierigkeiten gebracht. Wer bin ich und wie kann ich mir sicher sein, ich zu sein? Oder träume ich einfach nur, dieses Ich zu sein? Die Unterscheidung von Traum und Wirklichkeit hat auch in Europa schon einige Menschen umgetrieben. Wenn man sich entscheiden sollte, dann entschied man sich allerdings für die Wirklichkeit, selbst dann, wenn man den festen Boden unter den Füßen nicht wirklich sicher fühlte. Überaus berühmt sind die Überlegungen bei Descartes, wenn er seinen Zweifel radikalisiert und sagt:

»Endlich bemerkte ich, dass dieselben Gedanken wie im Wachen auch im Traum uns kommen können, ohne dass es einen Grund für ihre Wahrheit im ersten Falle gibt; deshalb bildete ich mir absichtlich ein, dass Alles, was meinem Geiste je begegnet, nicht mehr wahr sei als die Täuschungen der Träume. Aber hierbei bemerkte ich bald, dass, während ich Alles für falsch behaupten wollte, doch notwendig ich selbst, der dies dachte, etwas sein müsse, und ich fand, dass die Wahrheit: »Ich denke, also bin ich«, so fest und so gesichert sei, dass die übertriebensten Annahmen der Skeptiker sie nicht erschüttern können. So glaubte ich diesen Satz ohne Bedenken für den ersten Grundsatz der von mir gesuchten Philosophie annehmen zu können.«
(Descartes, S. 53)

Zunächst stellt Descartes fest, dass wir dieselben Gedanken im Wachen wie im Traum haben können, ohne dabei feststellen zu können, ob sie wirklich wahr sind. Dies nimmt er zum Anlass, alles als Täuschung *sich vorzustellen* bzw. *zu denken*. Wie selbstverständlich bezeichnet er dabei Träume und Täuschung im negativen Sinne als dieselbe Sache. Bei dem Gedanken, alles sei Täuschung, fällt ihm auf, dass aber er, der dies denkt, in diesem Gedanken immer vorausgesetzt ist. Auf diese Weise leitet Descartes seine berühmte Formulierung her: »Ich denke, also bin ich« (*cogito ergo sum*). Im Text aber überspringt er die Schwierigkeit, dass er dies ja auch im Traume denken könnte. Den Unterschied von Traum und Wirklichkeit hat er mit seinem »Ich denke« nicht aus den Angeln gehoben, denn sein Gedanke bezieht sich nur auf das wache Bewusstsein. Nun fragt sich aber, ob wir die Unterscheidung von Traum und Wirklichkeit immer in der üblichen Form beurteilen müssen: Ist Traum immer schlecht und Wirklichkeit immer gut? Gibt es nicht auch Wirklichkeit in Träumen und Träume in der Wirklichkeit? Muss sich immer beides gegenseitig ausschließen? Auch im alten China wurde über diese Frage nachgedacht. In dem bereits erwähnten Buch *Zhuangzi* findet sich folgende Geschichte:

> »Einst träumte Zhuang Zhou, ein Schmetterling zu werden, der beschwingt umherflattert. Er hatte Freude an sich und passte zu seinen Regungen. Dabei wusste er nicht, dass er Zhou war. Plötzlich wurde er wach; da war er Zhou – ganz eindeutig nur dieser. Nun weiss man nicht, ob es Zhou war, der geträumt hat, er sei ein Schmetterling geworden, oder ob es ein Schmetterling war, der geträumt hat, er sei Zhou geworden. Es gibt aber gewiss zwischen Zhou und einem Schmetterling einen Unterschied. Dies ist damit gemeint, wenn gesagt wird: ›Die Wesen unterliegen dem Wandel‹.«
> (Zhuangzi, S. 100)

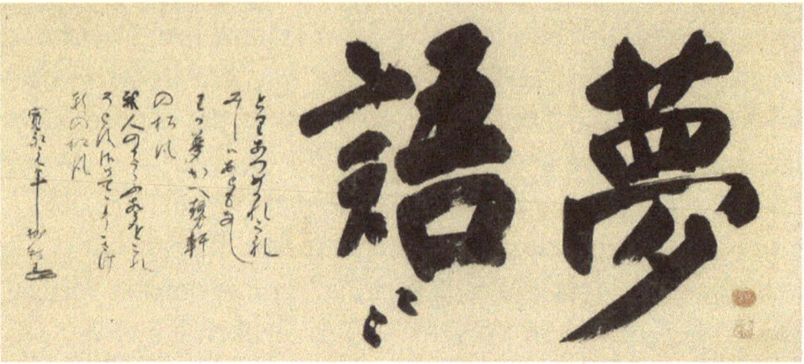

Worte im Traum. Kalligraphie von Takuan Soho aus dem Jahre 1624, ausgestellt im Nomura Art Museum in Kyoto, Japan.

In dieser kleinen Geschichte bleibt offen, wer wen gerade träumt. Letztlich geht es auch gar nicht darum, herauszufinden, wer wirklich ist. Jeder einzelne Zustand hat seine Wirklichkeit, und letztlich ist diese wie ein Traum. Denn wir können nicht über die Grenzen unserer jeweiligen Situation hinaussehen, wir können nicht einmal die Grenzen als Grenzen erkennen. Wir sind hier und jetzt die jeweilige Situation und sonst nichts. Wir können uns zwar eine Zukunft ausmalen, aber diese Zukunft ist nur eine mögliche Zukunft unserer jetzigen Gegenwart. Zu was wir uns im nächsten Jahr dann tatsächlich verwandeln werden, kann nicht vorweggenommen werden. Dass alles in dieser Weise ein Traum ist, bedeutet nicht, dass alles unterschiedslos wäre. Denn jeder Wandel macht einen Unterschied bis ins Kleinste. Der Wandel ist jedoch letztlich grundlos und ohne letzten Boden, denn es ist ein beständiger Wandel. In der Geschichte deutet sich an, dass die Wirklichkeit selbst ein sich wandelnder Traum ist, in dem es keine letzte garantierte Wahrheit oder Wirklichkeit geben kann als allein die Wahrheit, dass wir selbst dieser sich wandelnde Traum *sind.*

Man könnte hier einwenden, dass ja dann alles ohne jeden Sinn wäre. Bei diesem Einwand wäre jedoch ungefragt vorausgesetzt, dass Träumen etwas Negatives ist, dem keine Realität zukommt. Versucht man jedoch, die Sache umgekehrt zu betrachten, so ist man zumindest von der unablässigen und anstrengenden Suche befreit, ein letztes sicheres Glück zu finden. Verwendet man dann alle Kraft darauf, den eigenen sich wandelnden Traum zu gestalten, so verändert dies die Sicht aufs Ganze radikal. Zen-buddhistisches Üben ist ein Üben inmitten von Träumen. So lautet die Überschrift eines Textes von Dogen: »Inmitten des Träumens das Träumen erklären« (*muchu setsumu*). Im folgenden Text sind *Träumen* und (buddhistisches) *Erwachen* in keiner Weise getrennt:

> »Das durchgängige Erscheinen dieser Welt ist ein Traum, und dieser Traum sind die unzähligen Gewächse jeweils für sich in voller Klarheit. Dieses zu bezweifeln ist genau dieses, nämlich ein Traum, und die Verwirrung darüber ist genau dieses, nämlich ein Traum. Zu dieser Zeit erklären die Gewächse die Gewächse in den träumenden Gewächsen. Wenn wir dies inständig erfahren und erforschen, sind die Wurzeln, die Stämme, die Äste, die Blätter, die Blumen, die Früchte, das Licht und die Farben alle dieser große Traum. Verwechsele dies aber nicht mit einem einfachen Traum. Der Traum ist erwachendes Erkennen (*bodhi*): Wer könnte daran zweifeln? Weil der Traum kein Gegenstand des Zweifels sein kann, ist er auch von niemandem zu erkennen und daher auch kein Gegenstand der Erkenntnis. Weil dieses grenzenlose und höchste erwachte Erkennen grenzenloses und höchstes erwachtes Erkennen ist, nennen wir den

Traum einen Traum. Es gibt den inneren Traum, es gibt die träumende Erklärung, es gibt den erklärenden Traum, es gibt das träumende Innen. Würde es kein Inmitten des Traumes geben, würde es auch kein Erklären von Träumen geben; würde es kein Erklären von Träumen geben, würde es auch kein Inmitten des Traumes geben.«
(Dogen, *Shobogenzo. Muchusetsumu*; Übersetzung R. E.)

In diesem Text ist die Unterscheidung von Traum und Wirklichkeit in vollständiger Weise aufgehoben und zugleich in höchster Weise radikalisiert. Uns ist kein Außerhalb des Träumens zugänglich, um in vollem Umfang zur Wirklichkeit dieses Traumes zu erwachen. Inmitten des Traums erwachen wir zur Wirklichkeit des Traums. Die Wirklichkeit ist dieser Traum, und dieser Traum ist die Wirklichkeit in voller Farbenpracht. Die Wirklichkeit ist hier nicht die wahre Wirklichkeit hinter dem Traum. Erst dann, wenn wir voll und ganz dazu erwachen, dass unsere Wirklichkeit dieser Traum *ist*, kann sich die Wirklichkeit als diese sich wandelnde Wirklichkeit zeigen. Wollten wir dann diese Wirklichkeit festhalten und auf Dauer stellen, so käme das dem Versuch gleich, eine Wolke an die Wand zu nageln. Nur im träumenden Mitgehen mit diesem Traum können wir zu diesem Traum als Wirklichkeit erwachen – inmitten des Träumens.

Jetzt ist endlich Zeit für eine Schale Tee. Grünen Tee, nicht zu lange gezogen bei etwa 70 Grad Wassertemperatur, oder besser noch eine Schale Matcha, grüner Pulvertee, denn das öffnet Poren und Sinne.

Spätestens seit dem 3. Jh. n. Chr. haben wir durch das älteste erhaltene chinesischsprachige Lexikon *Erya* gesicherte Hinweise auf den Teegenuss in China. Aus dem Jahr 760 ist uns ein chinesischer Text überliefert, der den Titel *Cha jing* (Klassiker des Tees) trägt und von Lu Yu (728–804) stammt. In diesem Buch sind die Kenntnisse über Tee und Teetrinken der damaligen Zeit zum ersten Mal ausführlicher gesammelt und aufgezeichnet worden. Bereits zwei oder drei Jahrhunderte früher verbreitete sich der Brauch des Teetrinkens in buddhistischen Klöstern Chinas, später auch in denen, die dem Zen-Buddhismus zugerechnet wurden. Man schätzte die belebende Wirkung des Tees vor allem für die Meditation. Es ist daher nicht verwunderlich, dass die Tätigkeit des Teetrinkens, da sie zu den alltäglichen Handlungen gehört, immer wieder auch in der Übung der Mönche eine zentrale Rolle spielte, etwa in der folgenden Geschichte von Meister Zhaozhou:

> »Meister Zhouzhou fragte einmal einen neu angekommenen Mönch: ›Warst du schon einmal hier?‹ Der Mönch antwortete: ›Ich war schon einmal hier‹. Der Meister sprach: ›Trink eine Schale Tee‹. Daraufhin stellte der Meister einem anderen Mönch dieselbe Frage, und der Mönch antwortete: ›Ich war noch nie hier‹. Der Meister sagte wiederum: ›Trink eine Schale Tee‹. Später fragte ihn der Tempelvorsteher: ›Meister, wie kommt es, dass ihr einem Mönch, der schon einmal hier war, sagt, ›Trink eine Schale Tee‹, und dasselbe einem anderen Mönch, der noch nie hier war?‹ Der Meister rief: ›Tempelvorsteher!‹ Der Tempelvorsteher darauf: ›Meister?‹, der Meister: ›Trink eine Schale Tee.‹«
> (Ehmcke, S. 13)

In aller Ruhe einen Tee zu trinken bedeutet abzulassen von dringenden Vorhaben. Sich Zeit zu nehmen für einen kleinen Genuss, um den Körper zu beruhigen *und* zu beleben. Eine Pause einzulegen, in der nichts getan wird. Wenn der Meister sagt: »Trink eine Schale Tee«, so gehört dies zusammen mit dem Hinweis von Nanquan: Sich dem Weg eigens zuzuwenden bedeutet, sich von ihm abzuwenden. Denn solange ich dem Weg in verbissener Weise nachjage, wird er sich entziehen. Denn auch die Sitzmeditation kann in einen Leistungszwang umschlagen, da ich mir ausrechne: Je mehr ich die Sitzmeditation übe, umso schneller werde ich das Erwachen erlangen! Diese Rechnung geht aber nicht auf. Auch kann es nicht darum gehen, so viel Zeit wie möglich im Tempel zu verbringen, um unablässig Sutren zu rezitieren oder so oft wie möglich mit dem Meister zu sprechen. All diese Quantifizierungen und Rechenspiele entspringen meinen Phantasien von dem, was das Erwachen sein soll. Sie verstricken mich umso tiefer in die Verknotungen, die es eigentlich zu lösen gilt. So kann der Hinweis, eine Schale Tee zu trinken, einer Befreiung gleichkommen, von all den Wünschen, Vorstellungen, Gefühlen und selbstgebastelten und -auferlegten Zwängen, die meinen Weg verstellen. Wir alle kennen die Situation, nicht loszukommen von unseren »Projekten«, die uns das Gefühl von Lebendigkeit zu garantieren scheinen. Häufig sind sie aber nichts anderes als Zwänge, die wir nicht als solche durchschauen. Immer wieder in Ruhe eine Schale Tee zu trinken kann hier vielleicht eine kleine Hilfe sein.

In Japan hat man Tee vermutlich ab dem 8. Jh. angebaut und getrunken. Nach der ersten Blüte der Teekultur, die vom kaiserlichen Hof gefördert wurde, geriet das Teetrinken dann allmählich wieder in Vergessenheit. Als dann Eisai (1141–1215),

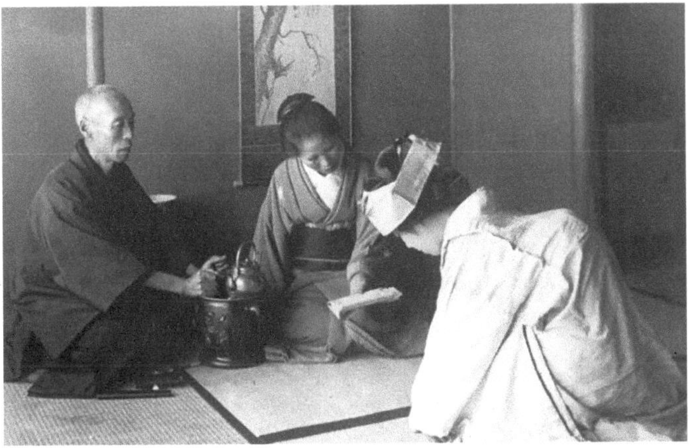

Ein Päckchen mit Tee wird überreicht, der in einer Teezeremonie zubereitet werden soll.

der Begründer der Rinzai-Schule des Zen, von seiner Reise nach China neue Teepflanzen mitbrachte, kam es zu einer nachhaltigen und bis heute andauernden Kultur des Teetrinkens in Japan. Eisai schrieb den ersten Teeklassiker der japanischen Literatur mit dem Titel *Kissayojoki*. Dies kann übersetzt werden mit »Bericht über Tee-Trinken und Nähren des Lebens«. Der Titel dieses Buches enthält die Wendung »Nähren des Lebens«. Diese stammt aus dem Chinesischen und war insbesondere in daoistischen Kreisen verbreitet. Mit dieser Wendung sind alle jene Praktiken gemeint, durch die das Leben insgesamt »genährt« und damit die Lebenskraft gestärkt und, so der Daoismus, vor allem verlängert wird. »Nähren des Lebens« bedeutet, die lebendigen Bewegungen weder durch ein Übermaß an Anstrengung restlos zu erschöpfen noch durch ein Übermaß an Ruhe und Muße die Spannkraft zu verlieren. Diese Wendung spielt auch in der chinesischen Medizin eine zentrale Rolle, in der Leib und Seele immer einen innigen Zusammenhang bilden und daher niemals getrennt voneinander betrachtet werden dürfen und können. Nähren des Lebens bedeutet, in die größeren und stilleren Wandlungen des Lebens hineinzufinden, mit diesen zu wachsen und zu altern.

Durch Eisais Buch und durch Geschichten, in denen Eisai durch Tee Heilungen vollbrachte, verbreitet sich das Teetrinken in Japan schnell. Die neuen Impulse wurden von dem japanischen Zen-Meister MUSO Kokushi (1275–1351) aufgenommen und zu den Vorformen der japanischen Tee-Zeremonie verfeinert. Alsbald entstanden Sammlungen von Gedichten und Prosaschriften rund um den Teegenuss, die von Zen-Mönchen stammten. Im 14. Jh. erhielten die Tee-Zusammenkünfte einen luxuriösen Charakter und wurden häufig als Wettstreit ausgetragen, bei dem es um ein möglichst perfektes Herausschmecken der verschiedenen Teesorten ging. Im 15. Jh. war es dann der japanische Zen-Mönch MURATA Juko (1422–1502), der die verschiedenen Ebenen des Teetrinkens – etwa das daoistische Nähren des Lebens, die Förderung der meditativen Kräfte, ethische Verhaltensregeln aus dem Konfuzianismus, die Wichtigkeit der geselligen Atmosphäre beim gemeinsamen Trinken, buddhistische Regelwerke für das Teetrinken – zusammenführte und damit häufig als Begründer des Tee-Weges (*chado*) angesehen wird. Für das Teetrinken stellte er fünf Regeln auf, die in einem Brief überliefert sind (s. Infokasten gegenüber.

Aus den kurzen Regeln ist bereits zu erkennen, dass es sich bei der Tee-Zusammenkunft um ein Gesamtkunstwerk han-

»1. Das Benehmen soll natürlich und unauffällig sein.
2. Die Blumen sollen leicht und in Harmonie mit dem Tee-Raum sein.
3. Der Duft des Räucherwerks darf nicht zu aufdringlich sein.
4. Die Tee-Geräte sollen sich danach richten, ob es sich um junge oder alte Menschen handelt.
5. Wenn man in den Tee-Raum einkehrt, sollen die Herzen von Gast und Gastgeber ganz ruhig werden und sich keinesfalls durch andere Gedanken ablenken lassen.
Das ist das Wichtigste, in seinem Herzen zu verweilen und nichts Äußerliches in Anspruch zu nehmen.«
(Ehmcke, S. 35)

delt. Menschen, Blumen, ein mit Reisstrohmatten ausgelegter Raum, der Garten, Düfte, Tee-Gerät, kochendes Wasser und vieles mehr kommen zusammen, wenn es darum geht, eine Schale Tee zu trinken. Dabei gilt es, in diese Handlung und dieses Ereignis einzugehen. Das Ereignis steht nur für sich selbst und hat keinen anderen Sinn als die Zusammenkunft all der Momente hier und jetzt in ebendieser Begegnung. Ähnlich wie die Bootsfahrt bei Dogen gibt es kein Außerhalb, denn nur dieser Ort und diese Zeit sind das, was mich sein lässt. Lange Zeit nach MURATA Juko wurde hierfür eine Maxime gefunden, die dies treffend zum Ausdruck bringt und bis heute als ein ästhetischer Kern der Tee-Zeremonie betrachtet wird: »einmalige, unwiederholbare Begegnung« (*ichigo ichie*). Jede Tee-Zusammenkunft ist eine Begegnung, die in dieser Weise nie wieder geschehen wird. Da sich alles immer in ständiger Wandlung befindet, ist jede Zusammenkunft einmalig:

An diesem Abend bei leicht bewölktem Himmel ist der Mond schon zu sehen. Die Hitze ist noch groß, aber es mischt sich bereits eine kleine kühle Brise hinein, die auf der Haut kaum zu spüren ist. Das Zirpen der Grillen ist hörbar, aber ihre Kräfte lassen schon nach. Der Geruch von Reisstrohmatten mischt sich in den Duft des Räucherwerks, und das leise Köcheln des Teewassers verbindet sich mit den Bewegungen des Atmens. Das kleine Blumengesteck in der Nische scheint die Bewegungen der schwarzen Linien im Schreibkunstwerk in sich aufzunehmen und beschwingt zugleich das leise Gespräch der Menschen, die sich zum Teetrinken versammelt haben. Als der Tee bereitet ist, steigt aus der matt-glänzenden schwarzen Tee-Schale ein durchdringend grüner Duft auf, der sich langsam fließend auf die Zunge legt, von dort in die Nase steigt und mit leichter Hitze und bitter-süßen Noten in den Hals gleitet. Beim Verlassen des Tee-Hauses klingt die Begegnung im Dunkeln nach.

Das Teetrinken ist in Japan zu einem »Weg« (*do*) geworden, den man sein Leben lang üben kann, auch ohne zen-buddhistischer Mönch zu werden. Mit dem Wort »Weg« taucht erneut das alte daoistische Wort *dao* (oder in anderer Umschrift *tao*) auf: Es markiert den Unterschied zu einer Kunst, die man äußerlich erlernt, ohne weitere Konsequenzen für das eigene Leben. Übt man hingegen einen Weg – Tee-Weg, Blumen-Weg, Duft-Weg, Schwert-Weg, Schreib-Weg, Bogen-Weg, Karate-Weg usw. –, so verbindet sich die Übung des Weges mit der Gestaltung und Übung des eigenen Lebens. Dementsprechend kann man von einem »Tee-Menschen« sprechen, da dieser Mensch sein Leben mit diesem Getränk verbunden hat. Der Tee selbst ist eine Welt, in der Menschen ihr Leben verbringen und gestalten können. Die Welt als ›Ganze‹ versammelt und spiegelt sich somit im Tee, so dass sie aus dieser Perspektive erfahren und geübt werden kann. Letztlich kann es unendlich viele Wege geben, da der Ausgangspunkt für einen Weg in kleinen Handlungen oder anderen Unscheinbarkeiten liegen kann, wie das Trinken einer Schale Tee in eindrücklicher Weise zeigt.

Meister »Verrückte Wolke«

Die Faszination für die Bewegung von Wolken reicht in der chinesischen Kultur weit zurück. Wolken sind nichts außer ihre ständige Bewegung und Veränderung. Blickt man in den wolkenverhangenen Himmel, so scheint sich alles gleichzeitig zu bewegen. Schaut man zwei Minuten später erneut in dieselbe Richtung, so kann man sich wundern, wie schnell und unscheinbar sich neue Konstellationen gebildet haben und andere gänzlich verschwunden sind. Wolken sind ebenso wie das Fließen des Wassers nicht festzuhalten. In Europa haben Philosophen sie daher als die unterste Art von Sein abgewertet, da sie in keiner Weise etwas Beständiges zeigen. Gerade aus diesem Grund wurden sie im alten China sehr geschätzt, und zwar so sehr, dass Wolken sogar zu einem Inbild für den Weg – *dao* – werden konnten.

In der japanischen Zen-Tradition gibt es einen besonders exzentrischen Meister, der sich selbst den Beinamen »Verrückte Wolke« (*kyo'un*) gegeben hat. Sein offizieller Name als Mönch lautete IKKYU Sojun (1394–1481). Ikkyu, wie er häufig kurz genannt wird, stand in der Tradition der chinesischen Linji-Schule (jap. Rinzai) des Buddhismus.

Diese Schule geht auf Meister LINJI Yixuan (gest. 866/867)

Ikkyu Sojun. Porträt von dessen Schüler Bokusai.

zurück, der seinerseits ein exzentrischer Zen-Meister war. Von ihm wird überliefert, dass er zunächst in der Huayan-Schule des Buddhismus Mönch geworden war, dann sein Kloster verließ und buddhistische Schriften verbrannte, um bei Meister Huangbo (gest. 850) Zen zu lernen und zu üben. Als großer Meister und Begründer einer Zen-Linie wurde er berühmt durch seine lauten Schreie, die er unvermittelt und ohne Ankündigung in seine Lehrreden und Gespräche mischte. Sein Zen betont die Direktheit und das Plötzliche. Im Direkten und Plötzlichen lassen sich komplizierte Gedanken und Absichten unterlaufen, so dass eine intensive Unmittelbarkeit zum Tragen kommen kann. In dieser Schule kommt bis heute auch ein Stock zum Einsatz, um durch gezielte Schläge in den Nacken die Meditierenden aufzurütteln. Nach langen Stunden der Meditation kann so ein Schlag tatsächlich eine sehr belebende Wirkung haben. Heute kann jeder darum bitten, einen sol-

Die fünf »Häuser« (d. h. Schulen) des Zen im 10. Jahrhundert in China

Caodong-Schule (jap. Soto) von Dogen Zenji nach Japan gebracht
Fayan-Schule (jap. Hogen)
Guiyang-Schule (jap. Igyo)
Linji-Schule (jap. Rinzai) von Eisai Zenji nach Japan gebracht
Yunmen-Schule (jap. Ummon)

chen Schlag zu erhalten. In früherer Zeit wurde der Schlag auch spontan eingesetzt.

Meister Linji griff in seiner Lehre immer wieder zu drastischen Bildern, um seine Schüler auch mit Worten vor den Kopf zu stoßen. Sie sollten dadurch von ihren eingefahrenen Vorstellungen weggerissen werden, um sich selbst besser in ihrer eigenen Unmittelbarkeit erfahren zu können.

Auch betonte Linji, wie viele andere Zen-Meister, das Alltägliche, wie in der folgenden kurzen Szene deutlich wird:

»Der Meister wandte sich an seine Zuhörer und sprach: ›Schüler: Das Gesetz Buddhas bedarf keiner Mühe. Es besteht im Alltäglichen und hat kein Ziel: scheißen, pissen, sich anziehen, essen und schlafen, wenn man müde ist.‹«
(Linji, S. 65)

Direkter kann man es kaum ausdrücken. Mit knappen Worten und direkten Taten übersetzte Linji immer wieder die Lehre

Buddhas in den Alltag – ohne jede Scheu vor dem Vulgären. Von außen gesehen könnte man dies als Respektlosigkeit vor der Lehre Buddhas werten. Den Zen-Meistern ging es aber immer wieder darum, dass die eigentliche Erfahrung des Erwachens nicht in den Hintergrund gedrängt wird durch Zeremonien und Regelwerke. Denn je mehr sich eine Religion oder Lebensart als Tradition weitervermittelt, umso stärker können sich Routinen einstellen, durch die bestimmte anfängliche Erfahrungen nur noch rituell erinnert werden. Im Zen zeigt sich daher durchgehend eine mehr oder weniger große Reibung zwischen geregeltem Mönchsleben und unkonventionellen Methoden der Lehre.

Eine ähnliche Rolle wie bestimmten Zen-Meistern im Buddhismus kam in Europa den Kynikern zu. Diese alte griechische Schule der Philosophie ist uns vor allem durch Anekdoten überliefert, da keine ihrer Schriften vollständig erhalten ist. Möglicherweise ist dies aber auch bezeichnend, da – ähnlich wie bei vielen Zen-Meistern – das konkrete Handeln ihre Lehre deutlicher zeigte als lange Abhandlungen. Der bekannteste unter ihnen war Diogenes von Sinope. Das Handeln der Kyniker war geprägt von Provokationen. Sie passten sich den Konventionen nicht an, sondern sie nutzten das Brechen von herkömmlichen Regeln, um erstarrte und selbstsichere Ansichten zu erschüttern. So setzte Diogenes alle Regeln der Scham außer Kraft, indem er öffentlich auf dem Marktplatz onanierte und die Vorbeigehenden fragte, ob sie nicht über seinen Bauch streichen könnten. Befreit von Konventionen, versuchten sie, offen und unverblümt die Wahrheit zu sagen und zu zeigen. Sie lebten der Überlieferung nach in völliger Bedürfnislosigkeit und ohne festen Wohnsitz. Eine der berühmtesten Anekdoten, die von Diogenes überliefert werden, zeigt ihn in einer

Auszug aus dem ersten, 1993 in Japan erschienenen Band des *Ikkyu*-Mangas von Sakaguchi Hisashi.

Tonne liegend, während Alexander der Große vorbeireitet. Diogenes erkennt ihn, aber sagt dann zu ihm: Geht mir doch bitte aus der Sonne! Hier zeigt sich eine Haltung des Genusses, die sich nicht um Autoritäten kümmert und daher unbestechlich sein kann. Es wird auch überliefert, dass Diogenes der Erste war, der sich selbst als »Kosmopolit« – Weltbürger – bezeichnet haben soll, da er sich nicht einordnen wollte in den Gegensatz zwischen hohen Griechen und niedrigen Barbaren. Es wäre reizvoll, die Grundhaltungen der Kyniker ausführlicher mit denen der Zen-Meister zu vergleichen.

Ikkyu, Meister der »Verrückten Wolke«, forderte seine Zeitgenossen ähnlich wie die alten chinesischen Zen-Meister und die Kyniker durch Provokationen heraus. Damals war es in der Rinzai-Schule üblich, dass Zen-Meister den Schülern, die ihre Lehre selbst als Meister weitergeben durften, da sie ein tiefes Erwachen erlangt hatten, ein Bestätigungsdokument (*inka shomei*) überreichten. Dies war für einen Schüler die höchste Auszeichnung. Ikkyu lehnte die Annahme dieses Dokuments jedoch ab, da er diese Institution als solche verwarf. Er wusste, dass man sich dieses Dokument auch kaufen konnte, so dass diese Praxis längst ausgehöhlt war und ihren Sinn verloren hatte. Er selbst gab seinen Schülern keine offizielle Bestätigung mehr.

Die Überlieferung zeichnet jeweils ein sehr unterschiedliches Bild von Ikkyu. Die unter seinem Namen »Verrückte Wolke« gesammelten Gedichte präsentieren einen unkonventionellen Dichter. Die Berichte seiner Schüler über sein Leben zeigen einen Zen-Meister, der einem der größten Zen-Klöster in der alten Kaiserstadt Kyoto vorsteht. Der alsbald in volkstümlichen Erzählungen und Anekdoten lebendige Ikkyu ist ein schlagfertiger und lustiger Geselle, der heute in berühmten Mangas und Anime-Filmen weiterlebt.

In der buddhistischen Tradition ist es den Mönchen untersagt, Fleisch zu essen, Alkohol zu trinken und Verkehr mit Frauen zu pflegen. All dies hat Ikkyu jedoch ausführlich getan. Er ist berühmt für seine erotischen Gedichte, in der er die Liebe zu der blinden Nonne Shin besingt:

»Traumverloren wandle ich
im duftenden Garten
der schönen Shin.
Über dem Kissen
Pflaumenblüten

flüstern Frühlingswonnen.
Ich schmecke den Tau der Wollust,
köstlich, klar und rein.
O goldner Abend!
Wie sollte ich
Unsagbares weitersagen
in einem Gedicht?«
(Ikkyu, S. 135)

Ikkyu überschreitet in seinem Handeln und Dichten die Grenzen der mönchischen Tradition. Er zieht damit aber auch Konsequenzen, die in der Lehre des Zen vom Alltäglichen liegen. Bei jeder Gelegenheit und in den verschiedensten Formen von Erfahrung kann es Erwachen im Sinne des Zen-Buddhismus geben. Da er offenbar ein sehr sinnlich veranlagter Mensch war, wurden für ihn die Momente sinnlicher Intensität zur Quelle seiner Dichtung.

»Der schönen Frauen
Liebe
Fluß ist tief.
Im Freudenhaus
finde ich
meine Gedichte,
genieße
Umarmung und Kuß. —
Noch gebe ich mich
und die heiße Sehnsucht
nicht auf!«
(Ikkyu, S. 81)

Er war sich seines Wirkens sehr wohl bewusst. Ihm war klar, dass seine Handlungen auf die etablierte Lehrmeinung immer wieder wie Schläge ins Gesicht wirken mussten. Vielleicht war er in seinem Herzen mehr Künstler als Mönch. Oder er konnte beides in höchster Weise verbinden.

> »Ein Wirbelwind,
> so fege ich umher
> und mache Wind.
> Zuhause
> in Schenken und Freudenhäusern –
> von den gelehrten Mönchen
> wer käme da
> mich zu begrüßen –
> Norden, Süden,
> Osten, Westen,
> ich bin nicht festzunageln!«
>
> (Ikkyu, S. 85)

Möglicherweise war Ikkyu ein Mensch, der in den verschiedenen Situationen seines Alltags auch sehr verschieden reagieren konnte. Als Vorsteher eines mächtigen Zen-Klosters konnte er mit aller Würde die Sutren rezitieren und die Zeremonien leiten. Als Dichter feierte er die leiblichen Genüsse mit allen Sinnen. Als Kritiker stellte er jede eingefahrene Praxis durch unkonventionelles Verhalten in Frage. Jede unhinterfragte Grenze konnte er mit einer Provokation ausleuchten. Unbestechlich griff er seine Mönche und Mitmenschen an, wenn er auch nur die geringste Unaufrichtigkeit und heuchlerische Doppelmoral empfand. Er brachte immer den Mut auf, das direkt und unmittelbar Erfahrene und Empfundene auch zum Ausdruck zu bringen. Damit war er aber kein Zerstörer der Tradition, sondern ein radikaler Kritiker im Geist des Zen-Buddhismus. Seine Mittel waren Satire, Verweigerung, Provokation, Schamlosigkeit und Schlagfertigkeit. Nicht die Bescheidenheit war sein Kennzeichen, sondern eine unbändige Leidenschaft für das Wahrsprechen, ohne dabei Rücksicht auf Konventionen zu nehmen. All dies prädestinierte ihn dazu, auch im Volksmund zu einer geflügelten Gestalt zu werden.

Vor diesem Hintergrund ist es nicht verwunderlich, dass er schließlich zum Helden einer Manga-Serie geworden ist, in der sich sein außergewöhnliches Leben mit der modernen Kultur Japans verbindet. Der japanische Manga-Zeichner SAKAGUCHI Hisashi (1946–1995) hat in gut 1200 Seiten dem Leben von Ikkyu ein Denkmal gesetzt. Die vier Bände, die inzwischen auch in deutscher Sprache vorliegen und von der japanischen Vereinigung der Manga-Zeichner nach dem Tod von Sakaguchi mit einem Preis ausgezeichnet wurden, lassen den unkonventionellen Zen-Mönch wieder lebendig werden.

Zen im 20. Jahrhundert

Die zen-buddhistische Tradition, wie wir sie heute in großer Differenzierung vor Augen haben, ist ein Produkt der Buddhismusforschung im 20. Jh. Erst als man in Japan Ende des 19. Jh.s begann, die buddhistische Tradition nach und nach mit wissenschaftlichen Mitteln zu untersuchen und zu rekonstruieren, wurden die verschiedenen Spielarten und Linien des Zen, die in verschiedenen Schriften und Tempeln überliefert wurden, immer klarer. Die frühen Forschungen im Westen wurden insbesondere angeregt durch das erste Auftreten eines japanischen Zen-Meisters in den USA.

1893 fand im Rahmen der Weltausstellung in Chicago das erste »Weltparlament der Religionen« statt. Damals reisten aus der ganzen Welt Vertreter verschiedener Religionen an, um ihre Sicht der Dinge vorstellen zu können. Erstmals in der Geschichte trafen sich in diesem Umfange indische, chinesische, japanische, islamische, jüdische, christliche und andere Würdenträger. Als Vertreter des Zen-Buddhismus war SHAKU Soen (1860–1919), Meister der Rinzai-Schule, nach Chicago gereist. Seine in japanischer Sprache verfasste Rede wurde vor dem Treffen von SUZUKI Daisetsu, damals noch Zen-Schüler von SHAKU Soen, ins Englische übersetzt. Einige Jahre nach dem Weltparlament schickte SHAKU Soen dann Suzuki in die USA, wo er zen-buddhistische Texte ins Englische übersetzen sollte. Die berühmten und heute auch kritisierten »Essays on Zen-Buddhism« erschienen in den 1920er und 30er Jahren. Sie prägten die Rezeption des Zen-Buddhismus im Westen in kaum zu überschätzender Weise. In diesem frühen Austausch liegt eine wichtige Quelle für die Verbreitung des Zen-Buddhismus nicht nur in den USA, sondern auch in Europa. Parallel verbreiteten sich in Europa zunächst die frühen Traditionen des Buddhismus, so dass in Berlin-Frohnau bereits 1924 das »Buddhistische Haus« von Paul Dahlke errichtet wurde, das bis heute in enger Verbindung mit der buddhistischen Tradition in Sri Lanka einen Ort für die Meditation bietet.

Nach dem zweiten Weltkrieg wurden zen-buddhistische Texte, Bilder, Haiku-Gedichte und Schreibkunstwerke immer stärker auch von Künstlerinnen und Künstlern in Nordamerika und Europa beachtet und als Inspirationsquelle genutzt. Der Komponist John Cage bietet hierfür nur ein Beispiel. Ein weiteres Beispiel liefert der Abstrakte Expressionismus, der sicher keine Zen-Kunst ist, aber doch starke Anregungen erhalten hat durch die expressiven Formen der Schreibkunst, wie sie vor allem im Zen-Buddhismus zu finden sind. Auch die Haiku-Dichtung verbreitete sich, nachdem die ersten englischsprachigen Anthologien Anfang der 1950er Jahre veröffentlicht worden waren. Inzwischen ist das Schreiben von Haikus auch in deutschen Schulen verbreitet, wo Kinder in deutscher Sprache nach japanischem Vorbild dichten. Die Einflüsse reichen aber noch weiter: Musik, Gartenkunst, Architektur, Theater und Tanz aus Japan haben die Entwicklung der modernen Künste im Westen in erheblicher Weise angeregt. Inzwischen kann man kaum noch klar auseinanderhalten, wer wen beeinflusst hat. Denn in Japan wurden umgekehrt die europäischen Traditionen ihrerseits rezipiert und weiterentwickelt. Eine differenzierte Bestandsaufnahme all dieser Wechselbeziehungen in den verschiedenen Künsten existiert noch nicht. In diesem Zusammenhang wären die Zen-Künste in besonderer Weise zu berücksichtigen.

Eine Geschichte ist dabei besonders aufschlussreich: Als John Cage 1962 sechs Wochen durch Japan reiste und Konzerte gab, besuchte er auch den Ryoanji-Steingarten, der ihn besonders beeindruckte. Diese besondere Form zen-buddhistischer Gärten trägt den Namen »Vertrocknete Berg-Wasser-Landschaft« (*Karesansui*). Der Ryoanji-Steingarten ist als solcher nicht groß und liegt oberhalb eines größeren Landschaftsgartens mit einem wunderbaren kleinen See, moosigen kleinen Waldstücken und herrlichen Ausblicken in die umliegende Landschaft. Hat man den Weg vorbei an dem kleinen See hinter sich gebracht und ist zu der kleinen Tempelanlage gelangt, so wird der Garten nicht gleich sichtbar, da dieser von einer Lehmmauer eingefriedet ist. Wie immer in Japan, wenn man ein altes Holzgebäude betritt, sind die Schuhe abzulegen. In Socken geht es dann weiter auf den glatten und glänzenden Holzbohlen, die zu dem kleinen Garten führen. Wenn sich der Blick auf den Garten öffnet – seine Ausmaße sind 30 mal 10 Meter –, zeigt sich eine weitgehend leere Fläche mit weißen, kleinen Kieselsteinen, in der 15 Steine sichtbar werden, die in fünf Gruppen wie zufällig hingeworfen scheinen. Die Kieselsteine sind säuberlich gerecht. Aus ihnen steigen die fünf Steingruppen auf, wobei die einzelnen Steine eher flach sind und der höchste nicht höher als einen Meter emporragt. Erst nach längerer Betrachtung kann man bemerken, dass von der Holzplattform, von der aus der Garten zu meditieren ist, an

John Cage in einem japanischen Steingarten. Foto aus dem Jahre 1962.

keiner Stelle alle 15 Steine gleichzeitig zu sehen sind. In jeder Konstellation, die von einer bestimmten Stelle aus sichtbar wird, verbirgt sich dem Blick zumindest ein Stein. Insgesamt kann man den Garten nur von einer Seite aus betrachten. Dabei ermöglicht es die 30 Meter lange Holzveranda, vor dem Garten die Blickposition langsam zu verändern. Geht man also langsam an der kleinen Anlage entlang, so verschieben sich die Konstellationen der Steine. Dabei wird ständig Neues sichtbar, und anderes verschwindet wieder aus dem Blick.

Es ist schon viel darüber gerätselt worden, was die Steine bedeuten könnten und was der Sinn dieser »vertrockneten Berg-Wasser-Landschaft« eigentlich ist. Letztlich entzieht der Garten jedoch jeden konkreten Sinn, denn er will nichts Symbolisches zum Ausdruck bringen. Die Steine liegen einfach nur da, ohne dass sie auf irgendetwas anderes hinweisen wollten. Solange man versucht, sich vorzustellen oder zu fragen, welche Idee oder welches Symbol dieser Garten zum Ausdruck bringen will, ist dieser Versuch zum Scheitern verurteilt. Rufen wir uns die weiter oben angeführten Beispiele wieder in Erinnerung, so war es immer die Beziehung als Beziehungs*geschehen*, die von zentraler Bedeutung war. Falls man nun versucht, den Garten als Beziehungsgeschehen zu erfahren, so kann man bemerken, dass es beim Betrachten um das *Ereignis des Betrachtens selbst* geht. Denn aus der Beziehung und Spannung der Steine erfahre auch ich mich selbst im zeitlichen Verlauf meiner Betrachtung unterschiedlich, so dass die Bewegung vor dem Garten zu einer Erfahrung des Entstehens in Abhängigkeit werden kann. Der Garten und ich sind dieses Beziehungsgeschehen, so dass die Sichtbarkeit des Gartens und mein Sehen zu einem Ort des Sehens werden, der sich als zeitliche Beziehung entfaltet. Es war wohl diese Abstraktion, die zugleich im höchsten Sinne konkret und sinnlich ist, die Cage an diesem Garten so fasziniert und ihn sowohl zu Zeichnungen wie auch zu einem Stück inspiriert hat, das den Titel »Ryoanji« trägt.

Neben den Einflüssen auf die damalige Entwicklung der Künste verbreiteten sich in den 1950er und 60er Jahren vor allem in Kalifornien und New York Zentren, in denen Zen-Meditation betrieben wurde. Philip Kapleau (1912–2004) begründete 1966 eines der ältesten Zen-Zentren in den USA in Rochester / New York. Kapleau war als Gerichtsreporter zunächst bei den Nürnberger Prozessen in Deutschland zugegen und ging dann in der gleichen Funktion nach Tokyo zu den Prozessen über die Kriegsverbrechen der Japaner. Dort lernte er die Zen-Meditation kennen und traf bereits früh auf SUZUKI Daisetsu, der in der Nähe von Tokyo regelmäßig Vorträge über Zen hielt. Das erwähnte Rochester Zen Center in den USA konnte im Jahr 2016 bereits sein 50-jähriges Bestehen feiern.

Einer der berühmtesten Orte in Kalifornien war das San Francisco Zen Center, das von SUZUKI Shunryu (1904–1971) im Jahre 1962 begründet worden war. Das Buch *Zen mind, Beginner's mind*, das Reden und Ansprachen von Suzuki versammelt, erschien im Jahr 1970 und gehört zu den einflussreichen Büchern über Zen in westlichen Sprachen. Suzukis Nachfolger war Richard Baker (geb. 1936), der gleichzeitig auch in Deutschland als Zen-Meister tätig war.

In Deutschland bestanden seit Ende des 19. Jh.s immer intensivere Beziehungen zwischen deutschen und japanischen Philosophen. Neben den vielen Japanern, die in Deutschland Philosophie studierten, gingen auch deutsche Philosophen nach Japan, um dort Philosophie zu unterrichten – etwa Eugen Herrigel (1884–1955), der von 1924 bis 1929 Philosophie in Japan lehrte. In dieser Zeit nahm er nicht nur Unterricht in der japanischen Kunst des Bogenschießens, sondern war auch beteiligt an einem der ersten Bücher über Zen in deutscher Sprache: *Zen. Der lebendige Buddhismus in Japan* (1925). Herrigel, dessen Verstrickungen in den Nationalsozialismus heute bekannt sind, publizierte im Jahr 1948 das Buch *Zen in der Kunst des Bogenschießens*, das im deutschen Sprachraum das Bild vom Zen in hohem Maße geprägt hat.

Während des Krieges wurde Karlfried Graf Dürckheim (1896–1988) von der nationalsozialistischen Regierung nach Japan gesandt, wo er alsbald dem Zen-Buddhismus begegnete. Nach längerer Internierung in Japan kehrte er nach Deutschland zurück und gründete zusammen mit Maria Hippius im Jahr 1951 die Existential-psychologische Bildungs- und Begegnungsstätte Todtmoos-Rütte, in der Zen-Meditation einen wesentlichen Bestandteil bildet. Graf Dürckheim war einer der Ersten, die die Zen-Meditation in Deutschland verbreiteten.

Ein weiterer Deutscher, der während des Krieges nach Japan kam, war Hugo Lassalle (1898–1990), der später unter seinem Zen-Namen Hugo Makibi Enomiya-Lassalle bekannt wurde. Bereits 1929 kam er als jesuitischer Missionar nach Japan, wo er unter anderem ab 1939 in Hiroshima tätig war und gegen Ende des Krieges mit der Zen-Meditation begann. Er überlebte den Atombombenabwurf. In den 1960er Jahren versuchte er die ignatianischen Exerzitien mit Elementen der Zen-Meditation zu verbinden. 1973 wurde er von YAMADA Koun (1907–1989) als Zen-Meister bestätigt. Beim gleichen Meister erhielten auch Willigis Jäger, Niklaus Brantschen und Johannes Kopp ihre Lehrerlaubnis im Zen. Inzwischen haben sich auch in Deutschland verschiedene Lehr-Linien des Zen-Buddhismus entwickelt, in denen Frauen und Männer als Meisterinnen und Meister tätig sind. Dabei ist die Situation weltweit unübersichtlich geworden, so dass Zen vielerorts auch mit Wellness und verschiedenen Wohlfühlideologien gekoppelt wird. Wie auch schon in der Vergangenheit breitet sich die Zen-Tradition ohne letzte »Oberaufsicht« aus.

Inzwischen hat ein deutschstämmiger Zen-Buddhist die Leitung des japanischen Zen-Klosters Antaiji übernommen: Muho (eigtl. Olaf) Nölke. Auch in diesem Bereich schreitet die Globalisierung voran. Man kann inzwischen so weit gehen zu sagen, dass die Übertragung des Buddhismus nach Amerika und Europa seit über einhundert Jahren Parallelen zur

Zen in Deutschland —— Österreich und der Schweiz

Wichtige deutsche Zen-Meister

a. **Hugo Makibi Enomiya-Lassalle**
(1898–1990), Meditationshaus Kloster Dietfurt

b. **Brigitte D'Ortschy**
(1921–1990), erste deutsche Frau als Zen-Meisterin, Zendo in München-Schwabing

c. **Willigis Jäger**
(1925–2020), Benediktushof

d. **Johannes Kopp**
(1927–2016), Zen-Kontemplation im Bistum Essen

e. **Niklaus Brantschen**
(geb. 1937), Lassalle-Haus in Bad Schönbrunn

f. **Gundula Meyer**
(geb. 1937), Ohof Zendo

g. **Peter Lengsfeld**
(1930–2009), Sonnenhof im Schwarzwald

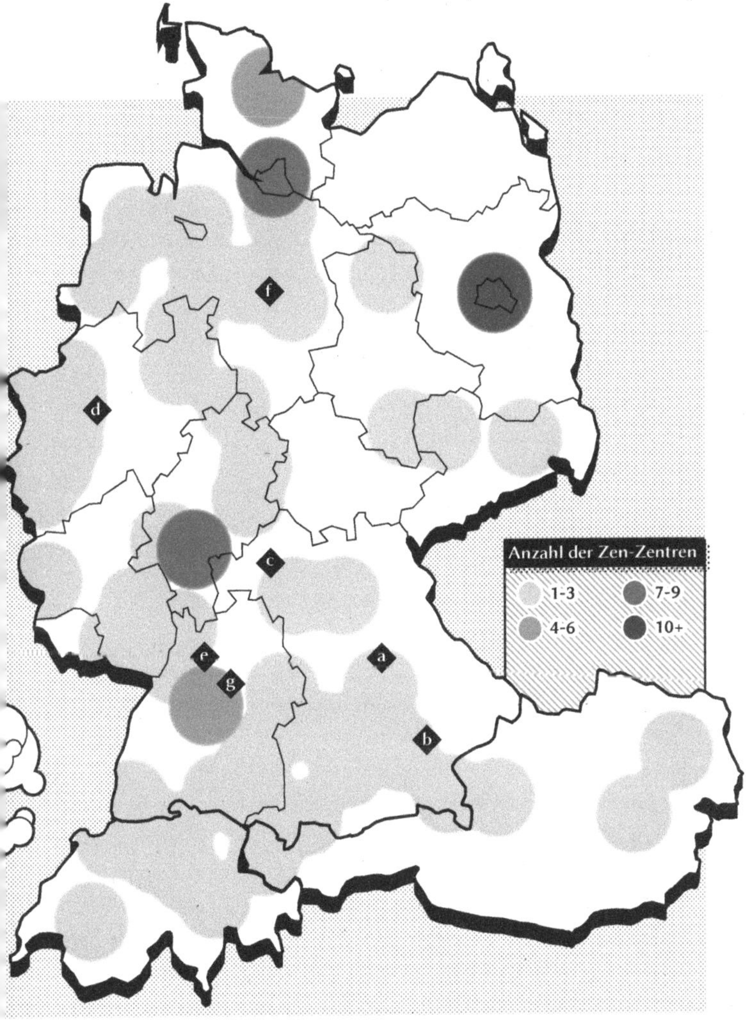

Anzahl der Zen-Zentren
1-3
4-6
7-9
10+
a
b
c
d
e
f
g

Übertragung des Buddhismus von Indien nach China aufweist. Vielleicht stehen wir in dieser Entwicklung erst am Anfang.

In Japan hatte die Internationalisierung des Zen zur Folge, dass man auch aufgrund der Nachfrage von außen immer mehr begann, die eigene Tradition in bestimmter Weise zu stilisieren. Die Bezeichnung als das Land der Stille ist sicher noch immer in den Köpfen vieler Europäer verankert. Vor meiner ersten Reise nach Japan im Jahr 1986 – damals hatte ich mich entschieden, mit der Transsibirischen Eisenbahn bis zum Japanischen Meer zu fahren, um von dort aus mit dem Schiff nach Japan zu gelangen – waren auch meine Erwartungen durch das in der Literatur vermittelte zen-buddhistische Japan geprägt. Im Land selbst erkannte ich schnell, dass Japan viel bunter und vor allem hoch technisiert ist. Japan ist nicht Zen. Aber ohne Japan gäbe es auch kein Zen.

Im 20. Jh. zeigte Zen in Japan zudem eine höchst widersprüchliche Gestalt. Zum einen wurden die Zen-Klöster renoviert und die Tradition neu belebt. Die Zen-Künste rückte man ins Zentrum der japanischen Kultur und stilisierte diese im Sinne höchster Ästhetisierung. Die japanischen Künste machten in der Folge auch im Ausland großen Eindruck. Zum anderen spielten jedoch bestimmte Zen-Meister im Pazifischen Krieg (1941–45) nicht immer eine rühmliche Rolle. So wurden die japanischen Kamikaze-Flieger mit zen-buddhistischen Losungen in den Tod geschickt. Hier zeigt sich eine höchst problematische Grenze in der zen-buddhistischen Art, jenseits von Gut und Böse zu agieren. Zen-Buddhisten können mit Recht darauf verweisen, dass es bei diesen Vorgängen um einen groben Missbrauch der Lehre ging. Letztlich aber kann ein solcher Missbrauch nie ganz ausgeschlossen werden, wie auch Skandale um sexuelle Übergriffe von Zen-Meistern nicht nur in amerikanischen Klöstern gezeigt haben.

Zen ist meines Erachtens weder als die allein seligmachende Lehre zu mystifizieren, noch ist Zen verantwortlich zu machen für alle Gräueltaten der Japaner im 20. Jh. Zen-Anhänger neigen zu Ersterem, Zen-Gegner zu Letzterem. Zen ist wie alle Traditionen in sich widersprüchlich und nicht auf einen einheitlichen Nenner zu bringen. Darum ist es umso wichtiger, die »Schatten« der Erfahrung, die sich im 20. Jh. in der japanischen Zen-Tradition deutlich zeigen, gründlich in den Blick zu nehmen.

Als eine Reaktion auf die Verwicklungen kann die neue Verbindung von Buddhismus und politischer Aktivität bei dem buddhistischen Meister Thich Nhat Hanh (geb. 1926) gesehen werden. Thich Nhat Hanh stammt aus Vietnam und erlangte als Friedensaktivist während des Vietnamkrieges erste internationale Anerkennung. Durch sein politisches Engagement hat er eine neue Richtung im Buddhismus geschaffen. Der sogenannte »Engagierte Buddhismus« setzt sich ein gegen soziale Ungerechtigkeit, Rassismus, Diskriminierung und Krieg und für die Einhaltung der Menschenrechte sowie für das friedliche Zusammenleben der Menschen untereinander und im Zusammenhang mit der Natur. Thich Nhat Hanh legt in seiner Lehre und in seiner Praxis besonderen Wert auf die Verbindung von Achtsamkeit und Mitgefühl. Inzwischen haben sich in dem Internationalen Netzwerk Engagierter Buddhisten verschiedene politisch aktive Buddhisten zusammengeschlossen, zu denen auch der Dalai Lama gehört. Auch US-amerikanische Zen-Buddhisten wie Tetsugen Bernard Glassman und der ehemalige Vietnam-Veteran Claude Anshin Thomas gehören zu diesem Kreis. An diesen verschiedenen

Bewegungen und Neubildungen ist zu beobachten, dass sich der Buddhismus und seine Schulen im 20. Jh. erheblich verändert und inzwischen auf der ganzen Welt verbreitet haben. Zu Beginn des 21. Jh.s haben sich Buddhisten neuen Herausforderungen gestellt, zu denen insbesondere die rasanten Entwicklungen in der Technik zählen.

Zen – Psychoanalyse – Hirnforschung

Bereits 1960 erschien das Buch *Zen Buddhism and Psychoanalysis*, in dem jeweils zwei längere Texte von Erich Fromm und SUZUKI Daisetsu abgedruckt wurden. Beide Texte versuchen, jeweils auf die andere Position einzugehen. Sie zeigen aber auch deutliche Grenzen im gegenseitigen Verstehen. Dies ist nicht weiter verwunderlich, da die Praxis des Zen auf der einen Seite das analysierende Gespräch ja selbst weitgehend ablehnt. Falls es zu Wortwechseln kommt, so sind diese eher durch einen paradoxen Charakter geprägt. Auf der anderen Seite zielt die Psychoanalyse in der Form, wie sie von Freud in aufklärerischer Tradition entwickelt wurde, darauf ab, die unbewussten Seiten der Persönlichkeit rational nachzuvollziehen und damit bewusst zu machen. Dies geschieht im therapeutischen Gespräch.

Im gegenseitigen Austausch zwischen Zen-Buddhismus und Psychoanalyse ergeben sich somit erhebliche Schwierigkeiten, etwa in Bezug auf die jeweilige Weise des Sprachgebrauchs. Zen-buddhistisches Sprechen ist in keiner Weise an Rationalisierungen und Erklärungen interessiert. Im therapeutischen Gespräch wird hingegen auch dem absurdesten Traum noch eine Bedeutung für die Beziehung zur Mutter oder zum Vater im Sinne der psychoanalytischen Theorie abgerungen. Zen entstammt einem religiösen Kontext, die Psychoanalyse ist von Freud als eine wissenschaftliche Disziplin begründet worden und trägt klar antireligiöse Züge.

Dennoch sehen sich beide darin verbunden, dass sie nach etwas suchen, das zwar in allen Handlungen offenbar wird, aber für den Einzelnen in spezifischer Weise verdeckt bleibt. Zen sucht die unmittelbare und unverstellte Realität meiner selbst zu realisieren, die nicht durch egoistische oder rationale Vorstellungen verstellt ist. Die Psychoanalyse fokussiert die mit all ihren Kränkungen und Ängsten bewusst lebende Persönlichkeit, die ihre unbewussten Motive in das bewusste Handeln zu integrieren versucht. In diesem Bild zeigt sich schon eine erste Annäherung der beiden Praxisformen.

In der gegenwärtigen psychologischen Forschung (diese muss nicht unbedingt psychoanalytisch sein) hat sich in erstaunlichem Umfang eine Achtsamkeits-Forschung entwickelt. Ursprünglich stammt dieses Motiv aus dem Buddhismus. Man hat in der Psychologie erkannt, dass verschiedene Formen der Achtsamkeitsmeditation sehr positive Auswirkungen auf bestimmte Krankheitsbilder wie den heute weit verbreiteten Burnout zeigen. *Achtsames* Handeln bringt *im Handeln* zu Bewusstsein, *wie* ich handele. Dabei können auch verborgene Motive auffallen, beispielsweise warum ich immer klare, definierte Ziele in meinem Handeln benötige oder warum ich keine Geduld fürs Zuhören aufbringe. Es zeigt sich, dass durch achtsame Verlangsamung und durch meditatives Schweigen in mir selbst Zusammenhänge bewusst werden können, die im gewöhnlichen Handeln verdeckt bleiben. Genau auf dieser Ebene können sich meditative Praktiken (nicht nur die des Zen) und psychotherapeutische Wege (nicht nur die der Psychoanalyse) einander annähern.

Dass diese Annäherung bereits in praktischer Hinsicht fortgeschritten ist, zeigen die Kurse des vietnamesischen Zen-Meisters Thich Thien Son. In dem Kloster Buddhas Weg im Odenwald widmen sich die ersten zwölf Zen-Kurse verschiedenen Gefühlen wie Angst, Wut, Liebe, Scham, Vertrauen und anderen Verstrickungsformen, die sich aus der Lehre des Buddhismus herleiten. Nicht die reine Sitzmeditation steht zunächst im Vordergrund, sondern die intensive Begegnung mit den eigenen psychischen Verstrickungen und Blockaden. Mit Rückgriff auf die ältere buddhistische Psychologie, die bereits in Indien entwickelt wurde, versucht Thich Thien Son eine buddhistische Übungspraxis zu entwickeln, die gerade am Anfang eher an gestalttherapeutische Sitzungen als an Zen-Meditation im strengen Sinne erinnert. Er geht dabei davon aus, dass man die reine Sitzmeditation nicht ohne vorherige psychotherapeutische Arbeit intensivieren sollte. In der Praxis selbst zeigt sich also letztlich kein Widerspruch mehr zwischen Zen und Psychotherapie, vielmehr greift beides ineinander. Ein Ansatz, der möglicherweise auch Menschen helfen kann, die sich mit starken Erleuchtungsabsichten über Jahre hinweg auf dem Sitzkissen quälen, ohne zu merken, dass sie auf diese Weise etwa lediglich ein großes Anerkennungsbedürfnis kompensieren. Möglicherweise werden sich umgekehrt aus dieser Praxisform auch Impulse für eine psychologische Theoriebildung ergeben.

Durch die Verbreitung und Entfaltung verschiedener asiatischer Praktiken der Meditation und leibpraktischer Übungsformen (Zen, Yoga, Taiji, Qigong, Karate, Aikido, Wingtsun usw.) über die ganze Welt hat sich jenseits der einfachen Esoterik ein Experimentierraum geöffnet, der langsam auch mit verschiedenen Wissenschaften wie der Psychologie, Philosophie, Medizin, Sportwissenschaft und Theologie zusammenwächst. Seit langem gehen Wissenschaftlerinnen und Wissenschaftler neben ihrer universitären Arbeit auch intensiv einzelnen körper- oder geistbasierten Übungswegen nach. Häufig bleiben diese Welten in den einzelnen Menschen selbst noch getrennt, doch zunehmend lässt sich beobachten, dass die Erfahrungen auf den Übungswegen zur Grundlage von Ideen werden, die auch in den sogenannten »harten« Wissenschaften verfolgt werden. So stehen etwa im Hintergrund der Achtsamkeitsforschung bei Einzelnen intensive Erfahrungen mit der Zen-Meditation. Dies führte in einer Antrittsvorlesung an der Universität Hildesheim schon vor einigen Jahren dazu, dass das gesamte Auditorium zunächst dazu aufgefordert wurde, sich kurz mit dem eigenen Atmen zu verbinden und darauf zu achten. Die folgenden Ausführungen über die Bedeutung von Achtsamkeitsübungen bei bestimmten psychischen Krankheiten basierten dann alle auf quantifizierenden Experimenten, so dass auch statistisch und mathematisch die Wirksamkeit der Übungen nachgewiesen wurde. Hier zeigt sich ein Zusammenwachsen von asiatischen Übungswegen und »harten« Wissenschaften, das vor 50 Jahren noch undenkbar gewesen ist.

Ende der 1980er Jahre war ich gebeten worden, an einer Studie zur Bedeutung der Meditation für die Veränderung der Hirnströme teilzunehmen. Zu dem Zeitpunkt konnte ich zwar erst auf eine fünfjährige Meditationspraxis zurückblicken, fand die Frage aber interessant genug, um an der Studie teilzunehmen. So wurde ich in ein Labor eingeladen. Mir wurden

Sensoren am Kopf befestigt, und ich wurde gebeten, in die Meditation zu gehen. Die Umstände machten es natürlich nicht einfach, da ein Labor nicht die gleiche Atmosphäre besitzt wie eine Meditationshalle, in der sowohl Kerzen als auch Räucherwerk die Aufmerksamkeit unterstützen. Weder hatte ich eine Wand, vor der ich sitzen konnte, noch war es in dem Labor still. Die Geräte machten Geräusche, und die Kabel am Kopf waren teilweise unangenehm. Dennoch bemühte ich mich, meine Aufmerksamkeit zu sammeln. Offenbar gelang es mir in ausreichendem Maße, mich zu konzentrieren, so dass die Geräte Gamma-Wellen in meinem Gehirn messen konnten, die nur in bestimmten Bewusstseinszuständen auftauchen. Ich konnte dies zur Kenntnis nehmen, wobei mir damals niemand erklären konnte, was dies nun bedeutet. Wie ich heute weiß, standen die Forschungen damals auch erst am Anfang.

Die Wirkungen der Meditation und der langen Übung wurden bereits früher auf andere Weise untersucht. In den 1970er Jahren hat man Schreibkunstwerke aus der japanischen Tradition von sehr geübten und von ungeübten Schreibern unter das Mikroskop gelegt. Dabei stellte man fest, dass die kleinen Kohlepartikel der Tusche bei ungeübten Schreibern keine fließende, sondern eher eine chaotische Struktur aufwiesen. Die Kohlepartikel bei den geübten Schreibern wiesen hingegen einen Fluss auf, der sich bis in die kleinsten Partikel hinein fortsetzte. Nach langer Übung scheinen alle Partikel in ein dichtes Beziehungsgefüge hineingenommen zu werden, so dass ein intensiver Zusammenhang entsteht. Das Beispiel zeigt, dass es auf die Übung und Ausgestaltung des gesamten Beziehungsgefüges ankommt, wobei durch anhaltende Übung auch die Mikrostrukturen einbezogen werden. Dies kann wohl auch auf Strukturen des Gehirns als »Beziehungsorgan« übertragen werden.

Im Jahre 1987 wurde das Mind and Life Institute ins Leben gerufen. Für die Gründung war vor allem die Begegnung zwischen dem Dalai Lama und dem Neurowissenschaftler Francisco Varela (1946–2001) von Bedeutung. Varela gehörte zu den Menschen, in denen der buddhistische Übungsweg und die harten Naturwissenschaften nicht aufeinanderprallen und in einen Widerspruch, sondern zu innovativen Ideen führen. Die Mind-and-Life-Dialoge haben nachhaltige Wirkungen auf die Hirnforschung ausgeübt. Man kam sich immer näher und hörte sich gegenseitig immer besser zu. Der Dalai Lama entsandte daraufhin vor einigen Jahren Mönche für Gehirnstrommessungen ins Labor. Da die technischen Voraussetzungen inzwischen wesentlich verbessert worden waren und man insgesamt deutlich mehr Erfahrungen mit den verschiedenen Wellen im Gehirn gesammelt hatte, konnten die Ergebnisse die Hirnforscher verblüffen. Sie wurden überrascht von der hohen Koordination der Wellen, die in tiefer Meditation das Gehirn in Schwingung versetzten. Die Mönche zeigten nicht nur deutlich erhöhte Gamma-Wellen als Kennzeichen für höchste Konzentration, sondern auch die besondere Aktivierung von Gehirnzonen, in denen sich Glückszustände zeigen. Insgesamt haben die Forschungen, die als »Neurophysiologie der Erleuchtung« bezeichnet werden, inzwischen deutlich belegt, dass das Gehirn durch Meditation in hohem Maße beeinflusst und gestaltet werden kann – und zwar ein Leben lang! Unser Gehirn ist also kein Uhrwerk, das mit mechanischen Vorstellungen zu fassen ist, sondern ein hochdynamisch schwingender Beziehungsraum. In ihm ist also kein einheitliches Zentrum zu finden, sondern es entstehen in unvorstell-

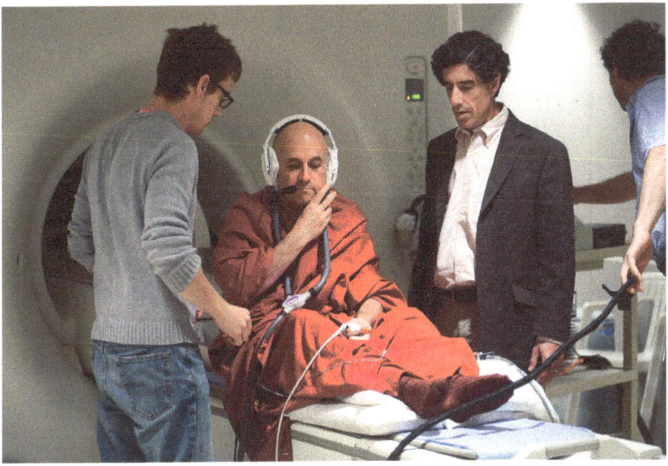

Der buddhistische Mönch Matthieu Ricard während der Vorbereitung einer funktionellen Magnetresonanztomographie (fMRT) im Waisman Center an der University of Wisconsin-Madison am 4. Juni 2008.

bar hoher Geschwindigkeit alle neuronalen Beziehungen und Schwingungen in Abhängigkeit voneinander. Regelmäßige Formen der Konzentration durch verschiedene Techniken der Meditation und körperlichen Übung haben einen erheblichen Einfluss auf dieses Beziehungs- und Schwingungssystem. Je länger man die Übungen mit Körper und Geist, die letztlich nicht voneinander zu trennen sind, ausführt, umso tiefer und feiner erfahren wir uns selbst und unsere Beziehungen zu Menschen, Tieren, Pflanzen und Dingen als ein solches Schwingungsverhältnis. Dies hat offenbar auch direkte Auswirkungen auf das Leben unseres Gehirns. Dies ist aber nicht verwunderlich, da das Gehirn natürlich ein integraler Bestandteil unseres Leibes und unseres Lebens ist und abgetrennt davon weder hätte entstehen können noch existieren würde. Man darf eben nicht den Fehler machen, *ausschließlich* auf das Gehirn zu schauen und sich mit den schönen bunten Ergebnissen der bildgebenden Verfahren zufriedenzugeben!

Die neurowissenschaftliche Erforschung des Gehirns während der Meditation oder in anderen leiblichen und geistigen Übungsformen ist sicher ein interessantes Gebiet. Letztlich kommt es aber darauf an, was wir aus diesen Erkenntnissen machen und wie wir diese einsetzen. Die bloße Feststellung, dass sich bestimmte Wellen im Gehirn durch Meditation besser koordinieren und neue Muster erzeugen, bringt aus Sicht der meditativen Praxis keinen Zugewinn. Der Hirnforscher mag nun mehr über die Gehirnwellen wissen, doch haben sich damit seine Gehirnwellen noch nicht verändert. Der Sinn einer solchen Forschung könnte aber darin liegen, stark naturwissenschaftlich orientierte Menschen davon zu überzeugen, dass Meditation kein esoterischer Unsinn ist, sondern vor allem im Bereich der Gesundheitsförderung eine wichtige Maßnahme darstellt. Eine andere Auslegung dieser Untersuchungen könnte darin bestehen, die Meditation und andere Praktiken allein auf der Grundlage der Gehirnwellen zu interpretieren, um sie auf diese Weise von ihrer religiösen Bedeutung zu befreien. Im Anschluss daran wurde bereits vor Jahren ein Trainingsprogramm entwickelt, bei dem es allgemein um die Steigerung der geistigen Kräfte ging. In dem 1995 erschienenen Buch *The High-Performance Mind. Mastering Brainwaves for Insight, Healing, and Creativity* bündelt Anna Wise alle Motive, die mit dieser Strömung verbunden sind. Entsprechend den in diesem Buch dargestellten Ergebnissen ist die Meditation im Zusammenhang mit der Gehirnwellenmessung ein optimales Werkzeug für die Selbstoptimierung. Und das hatte die zu erwartenden Folgen: Spätestens mit diesem Buch wurde die Meditation durch die Nutzung der Hirnforschung in das Muster des Neoliberalismus eingegliedert. Es ist daher nicht verwunderlich, dass Zen in letzter Zeit nicht zuletzt in Managerkursen ein beliebtes Thema ist …

Im Jahr 2008 führten der Hirnforscher Wolf Singer und der buddhistische Mönch Matthieu Ricard einen längeren Dialog über Meditation und Hirnforschung. Der Text ist dabei in vielerlei Hinsicht aufschlussreich. Er zeigt die Möglichkeiten und Grenzen der Zusammenführung. Zum Abschluss möchte ich eine kleine Passage zitieren:

> »Wolf Singer: Demnach gelingt es mit mentalem Training, sich mit inneren Zuständen der Stabilität vertraut zu machen und dadurch das Ich gegen fruchtlose mentale Wiederkäuerei zu schützen. Falls diese erstrebenswerten Zustände eine charakteristische elektrographische Signatur besitzen, dann sollten sie sich messen und quantifizieren lassen. In diesem Falle könnte man Biofeedback nutzen, um den Lernprozess zu beschleunigen, der erforderlich ist, um diese Zustände zu erreichen. Es könnte helfen, sich mit diesen Zuständen schneller vertraut zu machen. Ich gebe zu, daß dies eine typisch westliche Neigung ist, mühsame und zeitaufwendige Prozeduren zu umgehen und Abkürzungen für den Weg zum Glück zu suchen.
>
> Matthieu Ricard: Du kennst die Experimente, bei denen Wissenschaftler Ratten Elektroden ins Gehirn implantiert haben, die bei Stimulation Lustgefühle hervorrufen. Die

Ratten können sich selbst stimulieren, indem sie auf einen Hebel drücken. Die Lustgefühle sind so intensiv, daß die Tiere schon bald alle anderen Aktivitäten einstellen, Sex und Nahrungsaufnahme eingeschlossen. Das Hervorrufen dieses Gefühls wird zu einem unstillbaren Verlangen, zu einem nicht mehr kontrollierbaren Bedürfnis. Die Ratten betätigen den Hebel, bis sie vor Erschöpfung sterben. Deshalb glaube ich, daß jeder Versuch zur Abkürzung eher zu einer Abhängigkeit führt als zu einer tiefen Veränderung der Lebenseinstellung, wie sie durch Schulung des Geistes erreicht wird.«
(Singer/Ricard, S. 113)

Vielleicht könnte man im Anschluss an diese beiden Positionen zwei verschiedene Großtendenzen in der Gegenwart voneinander unterscheiden:

Die erste und weitgehend dominierende Tendenz sucht die Lösung aller Probleme darin, den Menschen und seine Umgebung technisch bis aufs Äußerste zu steigern und zu optimieren, um auf diese Weise alles irgendwie in den Griff zu bekommen. Die Vision, die hinter diesem Handeln steht, ist die allumfassende technische Machbarkeit, die letztlich darin gipfelt, das Gehirn der Menschen vollständig kontrollieren und steuern zu können.

Die andere Tendenz betont die Gefahren dieses Tuns und das Leiden der Menschen und der Natur. Damit sich die gegenwärtige Situation nicht weiter verschlechtert, bedürfe es einer radikalen Veränderung, zu der eine grundlegende Einsicht in die eigene Endlichkeit gehöre. Die Vision, die zu dieser Tendenz gehört, ist häufig ein »Zurück zur Natur«, das mit der spirituellen Hoffnung auf den Frieden der Menschen untereinander und mit der Natur gekoppelt wird.

Die erste Tendenz setzt auf Stärke und technische Machbarkeit. Die zweite Tendenz setzt auf Schwäche und Einsicht in die eigene Endlichkeit. Ob sich beides miteinander verkoppeln lässt, bildet sicher eine der großen Fragen unserer Zeit.

Vergiss das Anfängerherz nicht!

Vielleicht sind wir nun wieder in jenem Boot angekommen, das wir selber sind. Dahingleitend auf einem alten Teich, wo sich Unscheinbares ereignet:

»Alter Teich –
ein Frosch springt hinein
Plupp!«
(Haiku von Basho; Übersetzung R. E.)

In zen-buddhistischer Manier könnte man jetzt fragen: Was bewegt sich – das Wasser, der Frosch, mein Ohr, die Luft oder mein Gehirn? Vielleicht haben Sie eine passende Antwort darauf.

Und letztlich kann man diese Frage an jedes Ereignis richten, falls alles Entstehen tatsächlich in Abhängigkeit geschieht. Wir können uns nie absolut über diese Beziehungen und Abhängigkeiten erheben, obwohl es in der Geschichte des Denkens und der Religionen immer wieder Versuche gegeben hat, einen Blick aus der Sicht des Absoluten zu inszenieren.

Aus zen-buddhistischer Perspektive gesehen, wird die Antwort auf diese Versuche immer sein: Gehe zurück in die

Übung. Denn die aufmerksame und achtsame Übung ist der alleinige Ort, in dem ich mich selbst in abhängiger Entstehung erfahren kann. Durchdringe ich mein eigenes abhängiges Entstehen – als dieser Gedanke, dieses Gefühl, diese Phantasie usw. –, erwache ich in der Übung jeweils zu mir selbst. Die Übungen können sehr verschiedene Formen annehmen: eine Schale Tee zu trinken, lange auf dem Kissen zu sitzen, Wein zu trinken, sich der Lust hinzugeben, Sutren zu rezitieren, denkend mit der Sprache zu spielen, zu putzen, zu essen usw. Nie finden wir uns selbst außerhalb einer in Abhängigkeit entstehenden Tätigkeit, und sei es die Tätigkeit des Schlafens. Dogen sagt daher, Üben und Erwachen würden an keiner Stelle auseinandertreten, da es außerhalb der Übung nichts zu erreichen gibt:

> »Zu meinen, Üben und Erwachen seien nicht eins, ist eine äußerliche Ansicht. Im Buddha-dharma sind Üben und Erwachen ein und dasselbe. Weil auch [die Übung] jetzt Üben im Erwachen ist, ist auch die Zen-Praxis des Anfängers das Ganze des eigentlichen Erwachens. Weil es so ist, wird in der Vorbereitung auf die Praxis gesagt: Erwarte Erwachen nicht außerhalb der Übung, weil sie das eigentliche Erwachen unmittelbar zeigen soll. Wenn Erwachen bereits im Üben ist, gibt es im Erwachen keine Grenze, wenn das Üben im Erwachen ist, gibt es beim Üben keinen Anfang.«
> (Dogen, »Bendowa«)

Obwohl die Übung, aus der Perspektive des Erwachens gesehen, weder Anfang noch Ende kennt, ist jede Situation unseres Lebens wieder ein möglicher Anfang der Übung. Sobald ich auch nur im Geringsten glaube, etwas erreicht zu haben im Erwachen, halte ich Bestimmtes fest und bin schon nicht mehr in der Übung. Erwarte ich Ergebnisse in der Meditation, auf die ich sicher aufbauen oder auf die ich gar stolz sein kann, so wird mich diese Erwartung für die nächste Situation blockieren. Der Begründer des japanischen No-Theaters Zeami (1363–1443) gab daher seinen Schauspielern Folgendes auf den Weg:

»Gut oder schlecht – vergiss das Anfängerherz nicht!
Von Zeit zu Zeit – vergiss das Anfängerherz nicht!
Nach dem Alter – vergiss das Anfängerherz nicht!«
(Zeami, »Kakyo«)

Lektüretipps

Basho: Auf schmalen Pfaden durchs Hinterland. Aus dem Jap. übers. sowie mit einer Einf. vers. und hrsg. von G. S. Dombrady. Mainz 1985.

Bi-Yän-Lu: Meister Yüan-wu's Niederschrift von der Smaragdenen Felswand. Verfasst auf dem Djia-schan bei Li in Hunan zwischen 1111 und 1115. Aus dem Chin. übers. und erläutert von Wilhelm Gundert. München 1960.

Descartes, René: Von der Methode des richtigen Vernunftgebrauchs und der wissenschaftlichen Forschung. Aus dem Frz. übers. und hrsg. von Lüder Gäbe. Hamburg 1960.

Dogen: Shobogenzo. Ausgewählte Texte. Anders Philosophieren aus dem Zen (zweisprachige Ausgabe). Aus dem Jap. übers. und hrsg. von Ryosuke Ohashi und Rolf Elberfeld. Tokyo/Stuttgart 2006.

Dumoulin, Heinrich: Geschichte des Zen-Buddhismus. Bd. 1: Indien und China; Bd. 2: Japan. Bern/München 1985.

Ehmcke, Franziska: Der japanische Tee-Weg. Bewußtseinsschulung und Gesamtkunstwerk. Köln 1997.

Elberfeld, Rolf: Phänomenologie der Zeit im Buddhismus. Methoden interkulturellen Philosophierens. Stuttgart 2004.

– Sprache und Sprachen. Eine philosophische Grundorientierung. Freiburg i. Br. 2012.

– / Leibold, Michael / Obert, Mathias: Denkansätze zur buddhistischen Philosophie in China. Seng Zhao – Jizang – Fazang zwischen

Interpretation und Übersetzung. Köln 2000. [Online abrufbar: www.uni-hildesheim.de/fb2/institute/philosophie/team/prof-dr-rolf-elberfeld/buecher-rolf-elberfeld/]

Han, Byung-Chul: Philosophie des Zen-Buddhismus. Stuttgart 2002.

Huineng: Das Sutra des sechsten Patriarchen. Das Leben und die Zen-Lehre des chinesischen Meisters Hui-neng. Mit Erl. von Soko Morinaga Roshi. Aus dem Chin. und dem Jap. übers. von Ursula Jarand. Bern 1989.

Ikkyu Sojun: Im Garten der schönen Shin. Die lästerlichen Gedichte des Zen-Meisters »Verrückte Wolke«. Aus dem Jap. übers. von Shuichi Kato und Eva Thom. München 1990.

Meister Linji: Begegnungen und Reden. Aus dem Chin. übers. von Pierre Brun. Zürich 1986.

Mumonkan. Die Schranke ohne Tor. Meister Wu-men's Sammlung der 48 Koan. Aus dem Chin. übers. und erl. von Heinrich Dumoulin. Mainz 1975.

Nyanaponika: Geistestraining durch Achtsamkeit. Konstanz 1989.

Sakaguchi Hisashi: Ikkyu [als Manga]. 4 Bde. Hamburg 2009.

Singer, Wolf / Ricard, Matthieu: Hirnforschung und Meditation. Ein Dialog. Frankfurt a. M. ^{8}2015.

Wohlfart, Günter: Zen und Haiku. Stuttgart 1997.

Zhuangzi: Mit passenden Schuhen vergisst man die Füße. Ein Zhuangzi-Lesebuch. Aus dem Chin. übers. und hrsg. von Henrik Jäger. Zürich 2009.

Zwiebel, Ralf / Weischede, Gerald: Buddha und Freud. Präsenz und Einsicht. Über buddhistisches und psychoanalytisches Denken. Göttingen 2015.